本书的研究与出版得到以下课题资助：

★ 国家蚕桑产业技术体系产业经济学专项（nycytx-27-gw601）

★ 中国社会科学院中日历史研究中心课题（中日任字98-09）

★ 浙江省哲学社会科学规划课题（N05LS05）

日本侵华时期对
中国蚕丝业的统制与资源掠夺

顾国达　王昭荣　著

浙江大学出版社
ZHEJIANG UNIVERSITY PRESS

序

　　栽桑养蚕,缫丝织绸是中华民族的伟大发明,为人类文明进步与社会发展作出了伟大的贡献。自公元2世纪末3世纪初,中国的蚕丝技术通过海上丝绸之路传入日本,蚕丝业也一直在日本政府的保护和奖励下发展,尤其日本明治维新以蚕丝业为其改革的经济支柱,素有功勋产业之誉。第一次工业革命后,随着欧美丝织业的发展和对生丝需求的快速增长,蚕丝业不仅成为近代中日两国蚕农经济收入的主要来源,也成为两国工业化的先导产业,更成为最重要的出口创汇产业,在促进两国经济社会发展中曾有极其显赫的地位。在1870—1939年的70年间,中日两国的生丝出口量就占世界生丝贸易量的四分之三。由此可见,近代中日两国蚕丝业地位之重要,同时也反映了中日两国互为主要竞争对手的客观事实。

　　基于丝绸业在近代中日两国经济发展以及世界丝绸市场上的重要地位,以及丝绸作为重要军需(制作降落伞的优选材料……)战略物资的状况。日本在侵占我国江浙等蚕丝主产地后,于1938年4月至1945年9月对中国蚕丝绸业进行了长达7年5个月的严酷的资源垄断与掠夺,中国蚕丝业大受摧残。因此,系统研究日本侵华时期对中国蚕丝业实施统制的组织体系、方针政策、调整变化以及掠夺的具体状况,并通过对蚕丝业损失的估算以揭示日本帝国主义实施"以战养战"政策的本质及其经济侵略手段的残酷,这不仅可为"以史为鉴",用数据提供蚕丝业领域的历史事实,而且可为研究中日蚕丝业史与蚕丝业经济提供难得的系统的历史资料。

　　《日本侵华时期对中国蚕丝业的统制与资源掠夺》一书,在简要介绍分析蚕丝业在近代中日两国的经济地位,近代世界生丝市场的中日竞争,抗日战争前中国蚕丝业发展现状的基础上,着重就抗日战争前日本对中国蚕丝的调查与渗透,日本对东北三省和台湾蚕丝业的资源掠夺,日本对江浙沦陷区蚕丝业的统制与资源掠夺,战后中国蚕丝业的损失调查与索赔等,利用中日两国相关文献资料进行了系统的研究。收集资料丰富,文字简明流畅,史述有根有据,研究中日蚕丝业史是一本有重要参考价值的专著。忻览之余,乐为之序。

中国工程院院士

2010 年 9 月 18 日于重庆

目　录

第一章　绪　论

　　1931 至 1945 年间日本帝国主义者对中国发动了历时 14 年的侵略战争。这场日本帝国主义者强加给中国人民的战争给中国带来了史无前例的灾难；同时，我国的各种资源及个人财富也遭到了日本侵略者的疯狂掠夺，产业基础受到严重破坏，其中与日本处于竞争关系的蚕丝业成为受损害最严重的产业之一，期间蚕丝业曾陷入历史最低谷。但战后几十年来，日本国内总有一部分人，一直对半个世纪前发生的侵略中国的战争史实采取遮遮掩掩、不负责任的态度，特别是进入 20 世纪 80 年代以来，又进一步发展到企图否定和抹杀历史的地步。所以，我们有必要研究日本在侵华战争中犯下的种种罪行，揭示历史事实，让那些对历史不负责任的日本右翼分子的无耻言行无所遁形，为中日关系的健康发展奠定历史基础。

　　近几年来，对于日本侵华历史的研究受到各方面的关注与重视。国家社会科学基金每年均有几项关于对日本侵华历史研究的课题得到立项。比如，1993 年立项的有居之芬的"华北沦陷区经济史"和胡菊蓉的"第二次世界大战中日本侵华战犯罪行研究"；1997 年立项的有蒋秋明的"日本侵华时期推行毒化政策研究"、高乐才的"日本对中国东北移民侵略研究"、周翔鹤的"日据时期台湾殖民地经济研究"和孙继武的"'满洲国'何物也——日本武装侵略和殖民统治中国东北问题研究"；1998 年立项的有张连红的"南京大屠杀时期的南京'安全区'的研究"；1999 年立项的有吕永华的"日本帝国主义

1

在中国东北实行的鸦片毒化政策"；2000年立项的有程兆奇的"中国慰安妇幸存者的调查和研究"和苏智良的"中国慰安妇幸存者的调查和研究"；2001年立项的有姚会元的"1931—1945年日本对华金融掠夺的研究"等。目前，关于这方面的研究成果正在逐年增多。在专著方面，如居之芬和张利民（1997）的《日本在华北经济统制掠夺史》，对日本帝国主义者从1935年7月制造"华北事变"到1945年8月15日宣布投降的10年间对华北沦陷区经济实施全面统制和掠夺的史实做了一系列的披露；谢永光（1993）的《日军慰安妇内幕》，披露了侵华日军迫害我国女同胞充当慰安妇兽行的罪证；金河（1998）的《侵华日军731细菌部队》，揭露了日本731部队对中国人民犯下的滔天罪行，等等。在论文方面，如徐行（1984）的《抗日战争时期日本在华北的经济掠夺机构——华北开发株式会社》，居之芬和华杰（1993）的《日本"北支那开发株式会社"的经济活动及其掠夺》，曾业英（1994）的《日本侵华战争时期对华北沦陷区的金融控制与掠夺》，王士花的《日本侵华战争时期对华北工矿资源的掠夺》，徐有春的《日本在沦陷区的经济掠夺与政治统治》，李秀石的《论日本对我国华北和华中沦陷区的经济掠夺》，沈予（1998）的《论日本近卫文麿内阁的对华政策》，曾业英（1998）的《日伪统治下的华北农村经济》等。总的来说，现在对日本侵华历史的研究主要集中在政治、军事以及宏观经济史，其中又以对慰安妇、731部队与细菌、南京大屠杀等研究报道较多，对战时产业经济方面的系统研究较少。

蚕丝业在近代中日两国国民经济中扮演着极其重要的角色。对于中国来说，蚕丝业是具有5500多年悠久历史的产业，我国劳动人民习惯于"男耕女织"，通过栽桑养蚕缫丝织绸，创造财富，安排生计。历史上，蚕丝业早已成为农村传统的副业，尤其是江苏、浙江、广东、四川等蚕茧主产省，销售蚕茧是农家唯一的大宗经济来源，现金收入基本依靠养蚕卖茧，所以蚕区农民的经济生活在很大程度上取决于蚕茧的收入。

至近代，蚕丝业不仅成为中国蚕农经济收入的主要来源之一，而且更进一步成为外向型的出口创汇产业，在平衡外汇收支、促进社会经济发展方面具有十分重要的地位。1842年五港开港后，随着生丝出口的自由化和欧美丝绸业发展对生丝需求量的增加，生丝等丝绸商品的出口量逐年增加，生丝和茶叶一起成为近代中国最主要的出口创汇商品，其中生丝的出口量不仅占当时生丝总产量的60%左右[①]，而且据海关统计，1868—1911

[①] 王庄穆.民国丝绸史.北京:中国纺织出版社,1995:239.

年间以生丝为主体的丝绸商品的出口额达 201185.7 万海关两,占同时期商品出口总额的 33.4%;1912—1932 年间以生丝为主体的丝绸商品的出口额达 284277.9 万海关两,占同时期商品出口总额的 20.5%[1]。可见,蚕丝业在近代中国经济发展中的地位和作用。

　　自公元 2 世纪末 3 世纪初中国的蚕丝技术传入日本后,蚕丝业一直被作为重要的产业受到日本政府的保护和奖励。1868 年明治维新后,日本采纳了首相松方正义的二线(丝线和航线)国策,把蚕丝业作为强国富民的主导产业,引进西欧先进的蚕丝技术,设立蚕丝科教机构,官民合一开拓生丝市场。同时,日本制定各种法规和规范,设立各项奖励措施,保护蚕丝生产与丝绸贸易,使日本蚕丝业在 19 世纪 80 年代以后有了突飞猛进的发展,生丝的出口量也快速增加。据日本大藏省的贸易统计,1868—1932 年间日本以生丝为主体的丝绸商品的出口额达 1234323.5 万日元,占同期日本全部商品出口总额 3794469.5 万日元的 32.5%。[2] 自明治维新的 1868—1930 年间,生丝一直是日本最重要的出口创汇商品,在所有日本的出口商品中一直居第一位。近代的日本蚕丝业对近代日本经济发展,甚至对发动帝国主义侵略战争都起到了极为重要的作用。因而,蚕丝业在日本被尊称为"功勋产业"。

　　在近代世界生丝市场上中日两国一直处于竞争状态,日本更是千方百计采取一切措施,要取代中国丝绸在世界市场上的垄断地位。从蚕丝生产来看,在 1868—1913 年的 40 多年间,中国的生丝产量一直居世界首位,但比重却从 1871—1875 年的 60.74% 下降到 1896—1900 年的 47.15%;而日本蚕丝生产量则不断跃进,到 1913 年生产蚕丝 1.4 万吨,与中国的 1.5 万吨几乎相当,之后便一举超越中国,产丝量居世界第一位。[3] 从生丝的出口来看,1868—1874 年中国年均出口生丝 3794.0 吨,而日本只有 610.3 吨;但到 1881 年日本的生丝输出量开始突破千吨,到 1909 年日本的生丝输出量开始超过中国达 8081.9 吨,占世界生丝贸易总量的 33.7%,而中国生丝输出量为 7845.8 吨,占世界生丝贸易总量的 29.4%;到 1916 年日本出口的生丝数量相当于中国生丝出口量的两倍,占世界生丝贸易总量的

　　① 顾国达.关于近代中国的生丝贸易与世界生丝市场供求结构的经济分析(日文).京都工艺纤维大学博士论文,1995:94.

　　② 日本农林行政史编委会.农林行政史(第 3 卷).农林协会,昭和 34 年:642.

　　③ 徐新吾.中国近代缫丝工业史.上海:上海人民出版社,1990:5.

51.6％。此后,日本的产丝量和输出量成倍地超过中国,到 1936 年中国只出口生丝 3794.2 吨,而日本此时出口 30318 吨,占世界生丝贸易总量的 74.57％,几乎垄断了国际丝绸市场。① 但日本始终认为:"制丝业对日华两国都有重要意义,从而都各自指望丝业发展,但生丝在世界市场的地位由于人造丝和其他纤维的出现而不断降低,那么,如果日华两国某一方制丝业超过另一方,那就意味着要求对方相应地牺牲一部分制丝业。"②

为了实现和巩固蚕丝业的世界垄断地位,日本早在甲午战争前就关注中国蚕丝业的发展,多次派出专员进行中国蚕丝业调查,并蓄谋破坏和掠夺我国的蚕种等蚕丝业资源。日本峰村喜藏(1904)在《清国蚕丝业大观》中提到:"把中国蚕丝业纳入本邦蚕丝业的范围,则本邦蚕丝业将大有发展余地……因此,侵蚀中国蚕丝业,已不容踌躇。"③1922 年日本蚕丝会评议员大岛正义在其发表的《对支那蚕业政策之我见》④一文中,就提到"不能忘记将来我国(日本)蚕业的劲敌在于中国","美国人在上海设立绢业协会,采用各种手段帮助中国蚕业的发展,这些都是刺激我心、引起不安的材料;在(日本)垄断蚕业的时代尚且如此,试想将来一定会更加寒心"。为此,他建议的第一策是在中国设立"日中合办蚕业公司",对中国蚕丝业进行统制。可见,日本蚕丝业早已有进一步侵蚀中国蚕丝业的野心,侵华战争为实现他们的愿望提供了契机。

战前,日本以考察、技术指导、教学、出售蚕种等名义,频繁派人深入我国各地调查。其中作详细调查报告的主要有:锦户右门(1897)的《清国茧丝事情》,高津仲次郎(1897)的《清国蚕丝业视察报告书》,松永伍作(1898)的《清国蚕丝业视察复命书》,本多岩次郎(1899)的《清国蚕丝业调查复命书》,轰木长(1901)的《清国蚕丝业に关する报告书》,关贞江(1902)的《清国浙江省における蚕丝业に关する报告》,峰村喜藏(1903)的《清国蚕丝业视察复命书》,小山九左卫门(1906)的《南清制丝业视察复命书》,紫藤章(1911)的《清国蚕丝业一斑》,河西大弥(1916)的《支那蚕业视察报告书》,东亚蚕丝组合(1917)的《支那蚕丝业调查概要》,松下宪三郎(1921)的《支

---

① 顾国达.关于近代中国的生丝贸易与世界生丝市场供求结构的经济分析(日文).京都工艺纤维大学博士论文,1995:152—153.

② 王庄穆.民国丝绸史.北京:中国纺织出版社,1995:334.

③ 徐新吾.中国近代缫丝工业史.上海:上海人民出版社,1990:145.

④ 大岛正义.支那に对する蚕业政策の私见.大日本蚕丝会报(第 360 号),1922:18—23.

那制丝业调查复命书》,外务省通商局(1930)的《江浙养蚕业的现状》等(详见第四章第一节)。这些报告中详细阐述了中国的桑、蚕品种资源,茧丝质量、价格,缫丝工业状况,劳动力状况,生丝进出口贸易状况等,为日本制定蚕丝业发展政策提供了详尽材料。

1931年,日本侵占我国东北三省后,就鼓励日籍移民从事柞蚕饲养;1938年日本侵占我国江浙蚕丝主产地后,就马上成立"中支蚕丝组合",后又进一步成立"华中蚕丝股份有限公司",在汪精卫傀儡政府的配合下,对中国的蚕丝业资源进行垄断与掠夺,给我国蚕丝业带来了重大损害。

关于日本侵华时期对我国蚕丝业的垄断与资源掠夺,国内有关蚕丝业书籍中已略有叙述,如台湾陈慈玉著(1989)的《近代中国的机械缫丝工业》;大陆徐新吾主编(1990)的《中国近代缫丝工业史》,王庄穆主编(1995)的《民国丝绸史》。此外,冯宇苏(1995)在《论日本侵华期间对浙江蚕丝业的统制和掠夺》一文中,就日本侵华期间对浙江蚕丝业的统制和掠夺进行了简要论述。在国外,主要是日本学者曾对日本纤维产业的海外投资活动进行过分析研究,较著名的研究报告有藤井光男(1987)的《战间期日本纤维产业海外进出史の研究》和池田宪司(1997)的《战前旧满洲的柞蚕丝业——蚕丝业开发抑止政策の实施》等,由于立场关系,他们并没有进行深层次的分析和揭露。

基于上述背景,系统研究日本侵华期间对中国蚕丝业采取的垄断政策的出台背景、实施过程以及所带来的损害,不仅具有历史价值,而且具有现实意义。本书就是笔者根据现有的历史资料,吸收前人的研究成果,对"日本侵华时期对中国蚕丝业的垄断与资源掠夺"课题研究所取得的阶段性成果。试图尽可能全面、系统地探讨日本全面侵华时期对中国蚕丝业实施统制的组织体系、方针政策、调整变化以及掠夺的具体状况,并通过对蚕丝业损失的估算揭示日本帝国主义实施"以战养战"政策的本质及其经济侵略手段的残酷。希望本书的研究能够充实日本侵华时期对中国产业资源掠夺和破坏的内容,进一步揭露并补全日本对华侵略的罪行和罪证,回击日本国内右翼势力否定侵略战争历史事实的行径。

全文共分九章。第一章为绪论,简要介绍国内外研究的进展与现状,讨论开展本课题研究的意义和本书的结构。

第二章和第三章通过对蚕丝业在近代中日两国的经济地位以及中日两国在世界生丝市场上争霸过程的阐述,以明确日本在侵华时期对中国蚕丝业统制和掠夺的背景及目的。

第四章简要介绍1912年中华民国成立后至1937年7月日本发动全面侵华战争前的25年间中国蚕丝业的发展状况,为理解日本侵华时期对中国蚕丝业统制、资源掠夺及因战乱所造成的损失,作必要的铺垫。

第五章叙述甲午战争后,日本利用"中日马关条约",侵占了辽宁省(当时称为奉天省)南边地区及辽东湾东岸、黄海北岸的辽宁省所属各岛屿(日本称为关东州),台湾及所属各岛屿和澎湖列岛;1931年9月18日通过发动"九·一八"事变,侵占中国东北三省成立伪满洲国,直至1945年8月15日日本无条件投降止,日本在侵占中国东北三省和台湾期间,通过移民开发和投资办厂等活动对中国蚕丝业资源进行的掠夺。

第六章讨论日本侵华前对中国蚕丝业的渗透和资源掠夺,包括日本侵华前对中国蚕丝业的调查、对中国蚕种资源的偷盗、日系资本对中国制丝业的渗透、对中国茧丝资源的商业掠夺以及对中国丝绸贸易的打压等历史事实。

第七章以日本对中国蚕丝业实施垄断和掠夺的国策机关——"华中蚕丝股份有限公司"为对象,从政策的出笼、组织体系的构建、垄断政策的实施以及蚕丝资源掠夺的具体状况等,研究日本对中国江浙沪沦陷区蚕丝业进行统制与资源掠夺的内幕和事实。

第八章在前面研究考察的基础上,利用"全国蚕丝业损失调查委员会"的调查资料,对日本在侵华时期对中国蚕丝业资源破坏和掠夺所造成的损失进行了估算。希望通过彻底清算日本帝国主义在战争中给中国人民的生命财产造成的巨大损失,痛击当今日本右翼势力对日本侵华历史的否认和歪曲,使他们丑恶的面目在历史面前暴露无遗。

第九章是本书的结论。

最后附录有关佐证材料和主要参考文献。

第二章 蚕丝业在近代中日两国的经济地位

本章通过回顾中国和日本蚕丝业发展历程，实证分析茧丝绸出口贸易在中日两国对外贸易中的经济地位，以明确日本在侵华时期对中国蚕丝业统制和掠夺的背景及目的。

第一节 近代中国蚕丝业的发展历程及其经济地位

一、近代中国蚕丝业的发展历程

1840 年由英帝国主义挑起的"鸦片战争"，以清政府的失败而告终。根据 1842 年 8 月 29 日清政府和英国在南京下关签订的不平等条约——"南京条约"，清政府被迫开放广州、厦门、福州、宁波和上海五港，允许在开港地设立租界，废除对外贸易中的"公行"制度，并确定了"值百抽五"（即从价税率为 5%）的协定关税原则。五港开港后，一直受到限制出口的"头等湖丝"等生丝可以自由对外出口。

1840 年发生于法国南部的桑蚕微粒子病，于 1847 年侵入意大利后开始在意大利和法国的蚕丝主产地大规模流行，1854 年以后桑蚕微粒子病蔓延至匈牙利等欧洲蚕丝主产国。由于欧洲的蚕种对微粒子病比较敏感，抵抗力差，使欧洲的蚕业生产受到极大的打击,蚕茧大幅度减产,生丝供不应求,需要从中国等亚洲的产丝国大量进口生丝。而美国在"南北战争"(1860—1865)以后,利用英国丝绸业投资移民的资金和技术,开始大力发展丝绸业,并通过实行"引丝限绸",对丝绸业采取高关税保护的贸易政策,使丝绸业在1870年以后有了飞速的发展。欧美丝绸业发展促进了生丝需求的增加;1869年苏伊士运河的开通,使原来中国生丝经过好望角到达伦敦的航程由过去120天,缩短为55~60天,加上汽轮机在航海中推广应用,使生丝贸易的交替条件明显改善;1871年,上海、伦敦和纽约间海底电缆铺设成功;同时金融、电信、航海技术的发展,大大促进了以生丝为主要商品的丝绸国际贸易。

上海、广州等港生丝出口贸易的快速发展,刺激了近代中国蚕丝生产的发展。早在清朝咸丰(1851—1861)和同治(1862—1874)年间,在蚕丝外销迅猛发展的刺激下,全国曾出现提倡蚕桑的热潮。珠江三角洲的农民大规模地"弃田筑塘"、"废稻种桑",建造具有防洪功能的"桑园围",使"桑基鱼塘"这种生态蚕业的养蚕经营方式得到了大发展。广东省的顺德、南海、三水和新会等县发展成为我国的蚕丝业主产地之一。此外,全国其他很多省县都号召和奖励农民栽桑养蚕,有些地方还成立了蚕桑局等推广机构。如左宗棠是清末热衷提倡发展蚕丝业的官僚,光绪八年(1882年)任两江总督时,曾从浙江大批购买桑秧,分发江苏各州县种植;任陕甘总督时,又在新疆喀什成立蚕桑局,派员长途跋涉到浙江采办湖桑桑苗数十万株,运往新疆种植,并在浙江招募蚕工到喀什作技术指导。清朝官吏中还有用行政命令推广蚕桑的,如四川达县知州陈庆门张贴告示,命令每户居民都要在自己住宅周围植桑,大力倡导"四边桑"。但是,许多地方新办的蚕桑事业最终未获成功。究其原因,除了这些没有蚕桑基础的地方,农民栽桑养蚕要解决资金、设备、技术指导、劳力安排等一系列问题外,蚕丝的销售也是一个重要问题。近代蚕丝业得到大发展的地方都是靠近通商口岸,水陆交通便利,外国洋行收购丝茧比较方便。如珠江三角洲、太湖南岸杭嘉湖和苏锡常等地区蚕丝业发展十分迅猛。

在制丝业方面,1861年英国的怡和洋行,委托J. Majer在上海的租界内开设了规模为100釜的机器缫丝厂(Silk Reeling Establishment)[①],这个近代机器缫丝厂在原料蚕茧收购过程中受到农村地方土丝厂主的阻挠,清政府从税费交纳角度和乡绅请求下采取的取缔态度,加上机器缫丝技术掌

---

① 严中平.中国近代经济史统计资料选辑.北京:科学出版社,1955:117.

握的困难和熟练工人的缺乏等问题,导致经营困难,不得不于 1866 年关闭。1866 年民族资本家陈启沅引进法国机器缫丝机,在南海县创办继昌隆缫丝厂以后,在他的带动下机器缫丝厂以南海、顺德为中心快速发展,至1880 年形成了 10 家 2400 釜的生产规模。此外,1878 年美国人经营的旗昌洋行邀请法国技师布鲁纳(Paul Brunat)在上海建成了有 50 釜的旗昌丝厂。此后,机器缫丝厂在上海有了一定的发展,至 1890 年上海已有 5 家机器缫丝厂。

到 19 世纪末 20 世纪初,我国蚕丝业产区有明显的扩大,蚕茧和生丝产量都有较大提高。据估计,全国桑蚕丝生产量从 1871 年的 7306.5 吨,逐年增加至 1881 年的 7901.1 吨,1891 年的 9791.1 吨,1901 年的 13606.9 吨。[①]

甲午战争失败后,国内朝野反思甲午战争中败于日本的原因,开始积极吸取日本的成功经验,国内有识之士从日本蚕丝业的突飞猛进中感受到蚕丝业教育和改良的重要性,开始积极发展蚕丝教育和机器缫丝厂。1898 年浙江杭州蚕学馆的开学标志着中国近代蚕丝业教育与改良运动的开始;1920 年广东岭南大学蚕桑系、1921 年国立东南大学蚕桑系的设立标志着蚕丝业高等教育的开始;蚕业教育的发展为中国近代蚕丝业的改良培养了大批人才。此外,以蚕种为中心的蚕丝改良运动开始发起。一直以来,国内蚕农所用的蚕种均来自于专业土种家或自制自用,这些蚕种远远不能与同时代欧洲、日本蚕种的质量相比,这也是中国生丝在世界生丝市场上不能与欧洲、日本生丝竞争的致命弱点,生产改良蚕种势在必行。1898 年杭州蚕学馆开始生产改良蚕种,1900 年浙江省桐乡蚕场、乌镇蚕场和崇德蚕场的设立,标志着专业性改良种生产机构的诞生。继之不少机构以学校或传习所的名义,招收学员传授制种知识,生产改良种。随后,在"中国合众蚕桑改良会"等机构的努力下改良蚕种逐步在全国范围内全面推广。另外,蚕丝技术研究也开始起步。随着蚕业学校的开设,蚕丝研究、改良组织的设立,日本的新养蚕技术的引进,蚕种改良运动的开始,中国蚕业生产技术有了长足的进步。

此外,清政府开始允许在开港地以外的地方开设机器缫丝厂,蚕丝主产地江浙地区的机器缫丝厂有了明显的发展。1897 年江浙地区有机器缫丝厂 34 家 9194 釜,其中上海就有 25 家 7500 釜。机器缫丝厂的发展促进了我国近代工业化,同时其生产的生丝又能满足欧美丝织业的需要,有利于生丝出口,进而促进了我国近代蚕丝业的发展。辛亥革命至第一次世界

---

① 徐新吾.中国近代缫丝工业史.上海:上海人民出版社,1990:654.

大战期间,机器缫丝业发展相对缓慢。进入 20 世纪 20 年代后,由于欧美市场长筒丝袜流行,对 14 旦尼尔的细纤度厂丝需求量快速增长,刺激了机器缫丝厂的大发展。

1924—1929 年中国的蚕丝业进入了兴盛时期。受生丝出口好形势的影响,国内养蚕业发展迅速。根据浙江大学农学院 1928 年的调查,养蚕主产地浙江德清县农民养蚕率达 99%,桑园面积占耕地面积的 45%。吴兴县农民养蚕率 100%,桑园面积占耕地面积的 36.1%。蚕区的蚕业经济也非常活跃,出售蚕茧和土丝的收入是当时农家唯一的大宗经济来源,现金的收入全靠这个,在农业收入中蚕业收入要占 30% 以上。[①] 当时农家还流传着这样一些谚语,比如浙江的"辛辛苦苦一期蚕,油头滑面过一年";江苏的"男采桑,女养蚕,四十五日现钱看";广东的"一船蚕茧出,一船白银归";四川的"一两生丝一两银"等。由此可见当时养蚕业的兴盛。与此同时,蚕业教育和蚕业先进技术开始普及。1924 年南京金陵大学设立蚕桑系;1927 年浙江大学设立蚕桑系;1924 年浙江中等蚕业学校杂交蚕种制造成功,第二年生产"诸桂×赤熟"杂交种 1 万张,并开始普及;1924 年苏州女子蚕桑专门学校冷藏浸酸人工孵化蚕种成功,夏秋蚕的饲育开始在江浙地区普及;消毒药剂开始在蚕室和蚕具上使用。同时,生产杂交种的专业蚕种场发展迅速,例如 1931 年,江浙两省有蚕种场 200 余个,年生产蚕种 400 余万张。这个时期,我国蚕丝业的出口量和收汇值均创近代历史出口最高水平。1929 年生丝输出量达 11484.8 吨,1931 年蚕茧生产量高达 22.5 万吨,创近代历史最高纪录,可以说是我国近代蚕丝业发展的兴旺时期。[②]

进入 20 世纪 30 年代后,由于近代世界经济大危机的冲击以及国际市场上日本生丝的倾销对我国生丝的强烈倾轧和排挤,1930—1934 年中国蚕丝业发展步入困难时期。中国生丝输出急剧下降,从 1929 年的 9700.3 吨降至 1934 年的 3188.5 吨,生丝大量库存。生丝出口的下降引起国内蚕丝业生产的大幅度下滑,缫丝厂大量倒闭,江浙地方的丝厂从 1930 年的 182 个 457810 釜减至 1934 年的 72 个 20114 釜;蚕茧价格(以无锡等地为例)从 1930 年的 90～120 元/担减至 1933 年的 35～55 元/担;桑园面积锐减,江苏无锡从原来的 25.1 万亩[③]锐减到 1932 年的 8.4 万亩,浙江平湖的桑园

---

①② 王庄穆.民国丝绸史.北京:中国纺织出版社,1995.

③ 1 亩≈0.067 公顷,公顷为国际标准单位,因本书数据涉及的年代较早,书中出现不少非国际标准单位,请读者自行换算。

面积减少了近 40％;蚕茧产量也大幅度下降。① 当时《申报》有一篇文章沉痛地写道:"中国的蚕丝业,自从受了日本蚕丝业的压迫,与最近几年来国际经济恐慌的影响,价格的惨落,输出数字的低减,为自有蚕丝业历史以来未曾有的悲剧。各地丝厂的倒闭停工且不说,育蚕农民亏蚀,由亏蚀而至于破产者十之八九,杀身或甚至全家自杀者,亦比比皆是,这是去年(1932)蚕茧丰收的年头。"②此时,中国的蚕丝业可以说是濒临崩溃。

1935 年由于蚕茧价格低,外销出现转机,国内的缫丝厂逐渐恢复活力,并出现了像以无锡永泰丝厂为核心的集茧丝产供销于一体的联营组织。不过好景不长,1937 年 7 月日本大举入侵我国,江苏、浙江、上海等主要蚕丝产区先后沦陷于日军的铁蹄之下,我国的蚕丝业遭受严重破坏。上海 30 余家丝厂被毁;无锡遭日军轰炸,丝厂损失严重。1938 年 8 月,受日本控制的华中蚕丝股份有限公司(下称,华中蚕丝公司)在上海成立,伪维新政府随后便将江苏、浙江、安徽三省的蚕丝管理权交于华中蚕丝公司。华中蚕丝公司除对蚕种业实行统制外,还有丝厂 22 家、绢纺厂 6 家,力图对机器缫丝厂加以控制和掠夺。抗战初期,大量资本家和工人进入上海租界避难,市场上丝价高涨,于是大批丝厂相继开工,至 1939 年 3 月已达 45 家,几乎接近战前水平。由于出海畅通,蚕丝供不应求,所有丝厂无不获利。以后,华中蚕丝公司以"防止资敌"名义,控制江苏、浙江蚕茧进入上海,又放松家庭小型缫丝业的限制,9 月后租界丝厂便因无原料而纷纷停业。

抗战期间,我国蚕丝生产受到很大破坏。据统计,1929 年我国桑蚕生丝出口 9700 吨;1931 年生产桑蚕茧 22.1 万吨;1936 年桑园面积 796 万亩,全年饲育改良蚕种 570 万张,产鲜茧 15.85 万吨,产生丝 1.17 万吨。待至 1946 年,仅存桑园 435 万亩,配发改良蚕种 183 万张,产茧 4.29 万吨,产生丝 3085 吨,仅为 1936 年的 1/3～1/4。

二、蚕丝业在近代中国对外贸易中的经济地位

1859—1867 年,丝绸出口额占全国商品出口总额的比例如表 2-1 所示。该时期内,丝绸出口额占全国商品出口总额的比例以 1860 年的 69.4％为最高,以 1863 年的 22.0％为最低。1859—1862 年的 4 年间由于

---

① 顾国达.近代(1840—1949 年)中国蚕丝业的经济分析(日文).京都工艺纤维大学硕士论文,1992:59—85.

② 章有义.中国近代农业史资料(第三辑).北京:三联书店,1957:37.

茶叶出口低迷,丝绸出口额超过茶叶成为当时我国最大的出口商品。但是,丝绸出口额占全国商品出口总额的比例,1859 年的 58.1% 和 1860 年的 69.4% 显然过高。据张仲礼(1960)推算,1858—1860 年的 3 年间生丝出口额占全国商品出口总额的 47.9%(其中 1860 年超过 50%),超过茶叶成为我国第一大出口商品(见表 2-1)。

表 2-1　19 世纪 60 年代丝绸在我国对外贸易中的地位

年　份	全国商品出口总额 A /千海关两	丝绸出口总额 B /千海关两	生丝出口额 C /千海关两	比例/%		
				C/B	C/A	B/A
1859	38536.4	22379.0	20535.9	91.8	53.3	58.1
1860	32561.0	22610.0	21874.0	96.7	67.2	69.4
1861	51149.6	20968.1	18364.8	87.6	35.9	41.0
1862	79619.2	34253.1	30510.2	89.1	38.3	43.0
1863	59771.1	13127.3	9511.7	72.5	15.9	22.0
1864	37800.7	11518.6	9686.9	84.1	25.6	30.5
1865	56269.6	18449.8	16667.8	90.3	29.6	32.8
1866	53002.1	16660.7	14506.4	87.1	27.4	31.4
1867	57895.7	18862.2	16372.5	86.8	28.3	32.6
平均	51845.0	19869.9	17558.9	88.4	33.9	38.3

注:原资料中金额单位为海关两和元,按 1.558 元 = 1 海关两换算。

资料来源:李圭:通商表。顾国达等.中国の输出贸易に占める蚕丝业の经济的地位.日本蚕丝学杂志,1993(6):462—470.

1870 年以后,清朝对外贸易从英国的垄断中逐渐挣脱,随着贸易对手国的增加和出口商品种类的增多,全国商品出口总额逐年增加,如表 2-2 所示,从 1868—1872 年平均的 6388.0 万海关两,逐年增加至 1888—1892 年平均的 9600.5 万海关两,1893—1897 年平均的 13652.3 万海关两,1908—1912 年平均的 34886.9 万海关两。同时期,由于美国和法国丝绸工业的大发展,对生丝需求量快速增加,我国的丝绸在法国和英国等西欧市场上与意大利、在美国市场上与日本进行了激烈的竞争。在生丝需求大幅度增加的背景下,我国以生丝为主的丝绸商品出口量也逐年增加,丝绸出口额从 1868—1872 年平均的 2659.8 万海关两,增加至 1878—1882 年平均的 2665.7 万海关两,1888—1892 年平均的 3480.7 万海关两,1908—1912 年平均达到 9170.2 万海关两。由于 1868—1912 年间丝绸出口额的年均增长率为 3.1%，低于全国商品出口总额的年均 4.3% 的增长率。因此，丝绸出口额在全国商品出口总额中所占的比例由 1868—1872 年平均的 41.6%，

表 2-2　茧丝绸在我国对外贸易中的地位(1868—1949 年)

五年平均*	全国商品出口总额 A /千海关两	茧丝绸出口总额 B /千海关两	生丝出口额 C /千海关两	比例/%		
				C/B	C/A	B/A
1868—1872	63880.3	26598.4	23941.0	90.0	37.5	41.6
1873—1877	70674.5	27595.3	23357.2	84.6	33.0	39.0
1878—1882	71225.4	26656.9	20656.8	77.5	29.0	37.4
1883—1887	73083.6	25535.0	17489.4	68.5	23.9	34.9
1888—1892	96004.9	34806.5	23769.6	68.3	24.8	36.3
1893—1897	136522.6	45757.2	31857.4	69.0	23.3	33.5
1898—1902	179531.6	65557.0	50216.2	76.6	28.0	36.5
1903—1907	236513.0	76663.7	57908.4	75.5	24.5	32.4
1908—1912	348869.0	91701.9	66066.0	72.0	18.9	26.3
1913—1917	424624.5	101081.2	71712.2	70.9	16.9	23.8
1918—1922	582894.2	134758.2	98955.2	73.4	17.0	23.1
1923—1927	816793.9	172755.5	132048.4	76.4	16.2	21.2
1928—1929	1003521.1	188890.4	146563.0	77.6	14.6	18.8
1930—1932	795769.4	109840.5	75598.3	68.8	9.5	13.8
1933—1938	672269.5	64887.0	37382.0	57.6	9.7	9.7
1939—1940	1503214.9	245365.3	196527.0	80.1	13.1	16.3
1941—1942	2205644.5	204919.3	118945.0	58.0	5.4	9.3
1946	412392.0	47377.2	31570.9	66.6	7.7	11.5
1947	6377306.9	362376.5	175800.0	48.5	2.8	5.7
1948	1398457.0	23133.7	13157.7	56.9	1.7	1.7
1949	162631.1	2646.6	362.1	13.7	0.2	1.6

　*:1933—1942 年货币单位为千法币,1946—1947 年为百万法币,1948 年为千金圆,1949 年为千美元。1943—1945 年因为战乱而统计不全。

　资料来源:顾家达等.中国の输出贸易に占める蚕丝业の经济的地位.日本蚕丝学杂志,1993(6):462—470.

逐年下降至 1878—1882 年平均的 37.4%,1888—1892 年平均的 36.3%,1908—1912 年平均的 26.3%。

进入 20 世纪后,随着金融、交通、通信的迅猛发展,国际贸易规模不断扩大,贸易商品的数量也不断增多。1911 年辛亥革命成功后,随着对外交流和贸易的发展,我国的出口商品数量迅速增加,尤其是大豆、蛋制品、金属矿产和食用油等的出口量迅速增长,成为重要的出口商品。重要出口商品数量的增多和出口量的增加,促使我国商品出口额的快速增加。

如表 2-2 所示,我国商品出口总额从 1913—1917 年平均的 42462.5 万海关两,迅速增加到 1928—1929 年平均的 100352.1 万海关两。本时期由于美国丝绸业的快速发展,在 1929 年 10 月世界经济大危机发生以前,我国的丝绸出口量快速增加,丝绸出口额也由 1913—1917 年平均的 10108.1 万海关两,增加到 1928—1929 年平均的 18809.0 万海关两,其年增长率为4.3%,低于全国商品出口总额 6.1% 的增长率。因此,丝绸出口额占全国商品出口总额的比例由 1913—1917 年平均的 23.8%,逐年降低至 1928—1929 年平均的 18.8%。

1929 年 10 月发生了历时 4 年的近代世界经济大危机;1932 年开始出现银价快速上涨;1937 年 7 月日本开始对我国发动大规模侵略战争,通过对江浙等蚕丝主产地的蚕丝资源垄断和生丝贸易的控制,给我国对外贸易以极大的影响,而对于作为重要的高级出口商品的丝绸来讲,其受到的影响和打击远远大于其他出口商品。因此,丝绸出口额占全国商品出口总额的比例由 1928—1929 年的 18.8% 下跌至 1930—1932 年的 13.8%,1933—1938 年只有 9.7%。在抗日战争期间对外贸易总体萎缩的背景下,丝绸出口额占全国商品出口总额的比例在 1939—1940 年提高至 16.3%,这是因为在日本偷袭珍珠港以前美国扩大了生丝进口的缘故。丝绸出口额占全国商品出口总额的比例在 1948 年下跌至 1.7%,这是因为解放战争的影响。

上海、广州等五港开港后,生丝等丝绸商品出口的自由化,英国、法国和美国等丝绸业的相继发展以及世界经济发展对生丝等丝绸商品需求的增加,使我国丝绸出口额不断增加,丝绸在对外贸易中的经济地位由1844—1850 年平均的 29.2%,上升至 19 世纪 50 年代的约 40%,1859—1867 年平均的 38.3%。1870 年以后,随着我国对外贸易多元化的进展,对外贸易规模的扩大,丝绸出口额占我国商品出口总额中的比例由 1868—1872 年平均的 41.6%,逐年下降,但至 1907 年仍维持在 30% 以上。自

1868—1907 年的 40 年间,丝绸出口总额为 16.46 亿海关两,占全国商品出口总额的 35.5%。

进入 20 世纪后,虽然丝绸出口量不断增加,但由于大豆、棉花、蛋制品和食用油等商品成长为主要的出口商品,出口商品种类的大幅度增加使对外贸易的规模迅速扩大。在这种背景下,丝绸出口额占全国商品出口总额的比例从 1903—1907 年平均的 32.4%,下降至 1908—1912 年的 26.3%,但至 1926 年仍维持在 20% 以上。1908—1926 年的 15 年间,丝绸的出口总额为 23.34 亿海关两,占同时期全国商品出口总额的 23.5%。

1929 年 10 月发生的历时 4 年的世界经济危机和 1932 年开始的银价升高以及 1937 年日本全面发动的对我国的侵略战争,对生丝等丝绸商品的出口带来了沉重的打击,导致丝绸出口额占全国商品出口总额中的比例由 1928—1929 年平均的 18.8%,急剧下跌至 1933—1938 年的 9.7%;此后个别年份略有提高外,1948—1949 年只有 1.7%。

从主要出口商品的出口额顺位的比较看,自 1842—1941 年的 100 年间,以生丝为主体的茧丝绸商品的出口额位居所有出口商品第一位的年份分别是:1859—1862 年,1887—1927 年,1933—1935 年,1939—1940 年,达 50 年之多;位居第二位的年份达 47 年,分别是:1842—1858 年,1863—1886 年,1928—1932 年和 1936 年。

关税收入是国家财政收入的重要来源。茧丝绸商品的出口关税收入占国家出口总税收的比例,也从一个侧面反映了蚕丝业在近代中国经济发展中的地位。据统计,1867 年生丝的出口税收额为 390625 银两,丝绸的出口税收额为 34356 银两,生丝与丝绸合计的出口税收额为 424981 银两,分别占同年全国商品出口税收总额 4880011 银两的 8.00%、0.70% 和 8.71%。1885 年生丝出口税收额为 436431 海关两,丝绸的出口税收额为 82418 海关两,生丝与丝绸合计的出口税收额为 518849 海关两,分别占当年全国商品出口税收总额的 5.25%、1.04% 和 6.56%。[①②]　到 19 世纪末 20 世纪初,茧丝绸出口税收额在全国出口税收总额中占 10% 左右,其中 1899 年茧丝绸的出口税收额为 1291478 海关两,为同年全国出口税收总额

---

①　姚贤镐.中国近代对外贸易史料(1840—1895 年).北京:中华书局,1962:798—799.

②　顾国达.近代(1840—1949 年)中国蚕丝业の经济分析(日文).京都工艺纤维大学硕士论文,1992:95,98.

的 12.62%。1908 年以后由于出口商品种类明显增多，茧丝绸出口税收额占全国商品出口税收总额的比重有所下降，但茧丝绸税收额仍比 19 世纪末 20 世纪初有所增长，如 1919 年全国茧丝绸商品的出口税收额为1422924 海关两，占同年全国商品出口税收额的 7.17%。[①] 由此可见，茧丝输出税收在全国输出税收总额中占有相当的比重，茧丝等对外贸易量的多少会影响国内蚕丝业的发展及国家的财政收入。

1840 年鸦片战争至 1949 年中华人民共和国成立的 110 年间，丝绸在我国对外贸易中的地位呈下降状态。丝绸出口额占全国商品出口总额中的比例由鸦片战争后的 40% 左右，下降至中华人民共和国成立前的 10% 以下。这种变化的基本特征是 19 世纪后期的下降比较缓慢，20 世纪前期的下降逐渐加快。这是由商品出口规模扩大（表现为出口商品的品种增加和数量增多带来的出口额增加）、汇率和价格变化背景下，以生丝为主的丝绸商品出口量和出口价格的相对增减变化所造成的。

据 1868 年以后的海关统计，我国除 1872—1876 年、1941 年和 1948 年少数年份外，其余年份对外贸易均为贸易逆差。在这种背景下，作为我国主要出口创汇的商品，丝绸的贡献是十分巨大的。即使不考虑蚕丝业的存在与发展在蚕农和缫丝、织绸工人就业生计方面的巨大作用，仅从茧丝绸商品出口额及出口税收的角度就足以说明蚕丝业在近代中国经济发展中的巨大作用。

第二节　近代日本蚕丝业的发展历程及其经济地位

一、近代日本蚕丝业的发展历程

1859 年 6 月横滨开港后，日本生丝才开始出口。考虑到欧美生丝需求量巨大，1868 年明治维新后的日本政府一方面虚心学习西欧先进的养蚕与缫丝技术，开展蚕丝科学研究与教育；另一方面取消限制蚕丝业发展的"禁止在耕地栽种桑树"的禁令(1871)，设立示范性的富冈缫丝厂(1872)，实施"士族授产"政策，贷与"劝业资金"，大力推广先进的机器缫丝厂；还颁布了

---

① 顾国达.近代(1840—1949 年)中国蚕丝业の经济分析(日文).京都工艺纤维大学硕士论文,1992:170.

一系列规范和发展蚕丝业的法令,将蚕丝业作为富国强兵的重要产业加以扶持。

在蚕丝科研与教育方面,早在1873年日本派出的23名赴欧留学生中,就有学习养蚕和制丝的留学生各1人。1874年佐佐木长淳和圆中文助两位留学生结束留学进修任务,顺道参加了奥地利博览会后,带着欧洲先进的养蚕与制丝技术回到日本,并在内务省内藤新宿实验场设立了蚕丝试验组进行养蚕与制丝技术的研究与推广工作;1884年日本设立了农务局蚕病试验场;1887年蚕病试验场扩大改组为蚕业试验场;1896年设立西原蚕业讲习所,开始了正规的蚕丝业教育。之后,日本各地陆续设立官方和私立的蚕业学校,为日本培养了大量的蚕业方面的人才。另外,一批相关的蚕业机构也相继成立。为了促进生丝对欧美的直接出口,1880年设立了专业从事生丝出口金融业务的横滨正金银行;1892年大日本蚕丝会、1896年生丝检查所、1911年国立原蚕种制造所等机构也陆续设立。

在日本政府的支持和资助下,日本的蚕丝业的科学研究与教育事业发展迅速,1904年石渡繁胤发现了蚕的雌雄判别法;1906年外山龟太郎提出了蚕的一代杂交种利用法;1915年荒木武雄、三浦英太郎确定了蚕的人工孵化法;其他还有蚕的化性研究,桑、蚕品种改良育种法,多条缫丝机的开发,稚蚕防干纸育,蚕病预防技术等。到了20世纪初,日本的蚕业技术已达到世界一流水平。

日本政府还积极普及机械缫丝。1872年,日本政府在群马县设立了富冈制丝工厂,聘请了法国的技术师 Paul Brunat 前来指导。1879年,政府通过实施"士族授产"政策,为机械制丝工厂的设立提供资金资助。这样一来,机器制丝在日本得到迅速发展,器械制丝工厂从1876年的87个工厂5085釜,增至甲午战争前(1893)的2602个工厂85988釜。[①]

在发展环境建设方面,明治政府于1871年9月废除了德川幕府时代颁布的"禁止在耕地上栽培桑、茶"的命令,允许蚕茧自由生产。[②] 之后,相继颁布了促进和规范蚕丝业发展的一系列法规,如1873年的"生丝制造取缔法",1886年的"蚕种检查规则",1897年的"蚕丝业法",1929年的"丝价安定融资补偿法",1931年的"蚕丝业组合法",1936年的"产茧处理统制法",

---

① 顾国达.近代(1840—1949年)中国蚕丝业の经济分析.京都工艺纤维大学硕士论文,1992:33.

② 日本纤维协会.日本纤维产业史.东京:日本纤维协会,1958:142.

1937 年的"丝价安定施设法"及"丝价安定施设特别会计法"等。1927 年农务省还设立蚕丝局统一管理日本全国的蚕丝业。

基于中国和意大利是日本蚕丝业的主要竞争对手,美国、法国和英国是世界最主要的生丝消费市场,为收集竞争国蚕丝业发展情况和生丝需求市场的市场竞争现状,日本政府多次组织了专业考察与调研(详见第五章)。

由于日本的蚕丝业在政府的重视与支持下,凭着"天时、地利、人和"的优势,对外注重强化市场开拓与生丝出口竞争力的提高,对内注重扩大蚕丝生产规模和提高蚕丝生产力,使日本蚕丝业得到飞速发展。如表 2-3 所示,日本蚕茧生产量 1878—1882 年平均为 43328.2 吨,1898—1902 年平均为 92760.2 吨,1918—1922 年平均为 246803.1 吨,到了 1928—1932 年平均产茧量达到 366771.4 吨,50 年间增长了近 7.5 倍。随着蚕茧产量的迅速增长,生丝的生产量在 1878—1882 年平均为 1722.8 吨,1898—1902 年平均为 6939.1 吨,1918—1922 年平均为 23023.1 吨,到了 1928—1932 年平均增长到 42011.4 吨,50 年间增长了 23 倍多。生丝的输出量也随着生丝产量的提高而迅速增长,1878—1882 年平均生丝输出 1108.2 吨,1898—1902 年平均生丝输出 3862.9 吨,1918—1922 年平均生丝输出 15674.2 吨,到了 1928—1932 年,年均生丝输出达到 32342.7 吨。在 1909 年时,日本的生丝输出量为 8981.6 吨,超过中国的 7845.8 吨,开始成为世界第一生丝输出国。最盛期的 1930 年,日本桑园面积 70.76 万公顷,占耕地面积的 12.1%,养蚕农户 220.8 万户,占全国农户的 39.6%,蚕种饲养量达 1511.5 万张,蚕茧生产量达历史最高水平 399093 吨。[①] 有制丝厂 70278 家,缫丝机 433637 釜,制丝工人达 509124 人;丝绸织物的消费税达 19723119 日元,丝棉交织物的消费税为 1634168 日元,两者合计达 21357287 日元,占同年日本纺织品消费税总收入 34152411 日元的 62.5%。[②]

至 1939 年,第二次世界大战期间,日本实行战时的经济统制,对生丝等战略物资的出口加以限制,使近代世界生丝市场急剧萎缩,也使日本蚕丝业快速萎缩。蚕茧生产量从 1939 年的 340092 吨,减少至 1945 年的 84636 吨;生丝生产量也相应由 1939 年的 41617 吨,减少至 1945 年的 5224.5 吨。

---

① 顾国达.世界蚕丝业经济与丝绸贸易.北京:中国农业科技出版社,2001:19.

② 日本农林省蚕丝局.蚕丝业要览.昭和 14 年:459.

表 2-3　日本蚕茧和生丝生产量及出口量(1868—1947 年)

五年平均	蚕茧生产量/吨	生丝生产量/吨	生丝输出量/吨
1868—1872	—	—	570.2
1873—1877	—	—	833.9
1878—1882	43328.2	1722.8	1108.2
1883—1887	40913.4	2293.9	1609.9
1888—1892	49516.9	3756.4	2597.6
1893—1897	72721.7	5699.5	3101.4
1898—1902	92760.2	6939.1	3862.9
1903—1907	109228.4	7940.3	5264.6
1908—1912	148114.5	11885.9	8491.7
1913—1917	192975.9	16035.1	12225.7
1918—1922	246803.1	23023.1	15674.2
1923—1927	304309.5	31199.3	24330.4
1928—1932	366771.4	42011.4	32342.7
1933—1937	329425.5	43067.8	30230.2
1938—1942	284490.6	38801.8	15702.6
1943—1947	112040.9	9731.6	1758.5

　　资料来源:顾国达.近代(1840—1949 年)中国蚕丝业の经济分析.日本京都工艺纤维大学硕士论文,1992:31.

　　注:"—"表示没有统计。

　　日本蚕丝业在国民经济中的地位,从日本蚕丝生产总额的变化中也可以窥见一斑。如表 2-4 所示,随着蚕丝业的发展,日本的蚕茧生产额从 1899—1902 年平均的 8871.8 万日元,增加至 1923—1927 年平均的 63894.5 万日元。此后,受 1929 年世界经济大危机的影响,生丝出口价格的下跌引起蚕茧收购价格的下降,加上蚕茧生产量的减少,蚕茧产值减少至 1933—1937 年平均 37222.2 万日元;蚕丝总产值也相应由 1899—1902 年平均 18789.6 万日元,增加至 1923—1927 年平均 148670.0 万日元,此后减少至 1933—1937 年平均的 86036.8 万日元。

表 2-4　日本蚕丝产值的变化

五年平均	蚕茧产值/万日元	生丝产值/万日元	蚕丝总产值/万日元
1899—1902	8871.8	9917.8	18789.6
1903—1907	11896.1	12182.4	24078.5
1908—1912	14010.2	16182.4	30192.6
1913—1917	24231.3	31671.5	55902.8
1918—1922	53205.4	66745.5	119950.9
1923—1927	63894.5	84775.5	148670.0
1928—1932	41664.8	62297.2	103962.0
1933—1937	37222.2	48814.6	86036.8

资料来源:农林大臣官房总务课.农林行政史(第3卷).农林协会,昭和34年;645.

二、蚕丝业在近代日本对外贸易中的经济地位

1854 年日本和美国签订的《日美亲善条约》,促使近代日本放弃长期奉行的锁国方针,使封建的日本开始纳入世界资本主义体系之中。1858 年日本相继与美国、荷兰、俄国、英国和法国等五国签订了《友好通商条约》,开放横滨港,开始与各国进行自由通商。但是,对于日本这个自然资源禀赋缺乏的岛国来讲,如何培育具有核心竞争力的、能够弥补自然资源欠缺的外向型出口创汇产业,成为日本实现工业化的关键。1868 年日本明治维新后的日本政府,根据当时意大利和法国蚕丝业由于家蚕微粒子病蔓延,丝绸工业缺乏生丝原料,需要从中国和日本等蚕丝生产国大量进口的市场需求,以及日本蚕丝业具有 2000 多年的历史,群马、长野等地的农民具有栽桑养蚕的习惯,把蚕丝业作为外向型出口创汇的主导产业加以扶持,选择生丝作为出口创汇的主要商品,致力于生丝的出口。

从表 2-5 可知,茧丝绸的出口贸易为日本赚取了大量的外汇。据统计,1868 年明治维新后至 1872 年的 5 年中,日本的茧、生丝、绢织物的输出年均占日本输出总额的 56.9%;1873—1932 年的 60 年中,茧、生丝、绢织物的输出额平均占输出总额的 40%;1933—1937 年日本全面发动侵华战争前夕,尽管由于输出商品多元化导致比重下降,但平均每年仍为日本赚取 4.5 亿多日元的外汇。1868—1945 年的 78 年间,日本茧丝绸的出口总额达 388.8 亿日元,占同时期日本全部商品出口总额的 23.9%。

在 1868 年日本蚕丝类的出口额就占日本商品出口额的 56%,成为日

本第一大出口商品。此后至 1929 年除个别年份外日本的茧丝绸出口额基本呈现逐年增加趋势,但由于其他产业的发展和出口商品种类的增多以及生丝出口的周期性变化因素的作用,茧丝绸出口额占日本商品出口总额中的比例在不同时期有所变动。1868—1929 年的 62 年间日本茧丝绸的出口总额达 134 亿日元,占日本商品出口总额的近 40％;茧丝绸的出口额均位居日本所有出口商品创汇额的第一位。从 1870 年起的近 50 余年间,日本购置本国工业化所需要的机器和原料的资金 40％以上来自于生丝贸易[①]。因此,可以说日本近代蚕丝业的发展和以生丝为主体的茧丝绸出口贸易对日本近代经济发展起到了极为关键的作用,蚕丝业被尊称为日本的"功勋产业"。

表 2-5　茧丝绸在日本对外贸易中的地位

五年平均	日本商品出口总额/万日元	茧丝绸出口额/万日元	比例/％
1868—1872	1560.0	887.6	56.9
1873—1877	2212.5	1017.4	46.0
1878—1882	3026.8	1310.0	43.3
1883—1887	4171.4	1777.4	42.6
1888—1892	7260.0	3103.4	42.7
1893—1897	12401.0	5117.3	41.3
1898—1902	21913.3	8483.3	38.7
1903—1907	35729.3	13190.5	36.9
1908—1912	44484.1	17002.3	38.2
1913—1917	93246.8	28592.2	30.7
1918—1922	177992.3	64821.9	36.4
1923—1927	191948.4	86309.4	45.0
1928—1932	162948.0	63065.1	38.7
1933—1937	248008.7	45398.4	18.3
1938—1942	287305.8	36188.9	12.6
1943—1945*	110464.9	4171.6	3.8

资料来源:农林大臣官房总务课.农林行政史(第 3 卷).农林协会,昭和 34 年:642.

　*为三年平均。

———————

　　[①]　William W Lockwood. *The Economic Development of Japan*. Rev. Princeton,1968:94.转引自徐新吾.中国近代缫丝工业史.上海:上海人民出版社,1990:153.

第三章　近代世界生丝市场的
　　　　中日竞争

近代中日两国的蚕丝业都是依赖出口的外向型产业，在世界生丝市场上两国是主要竞争对手。本章通过对中日两国在世界生丝市场上争霸过程的实证分析，来进一步明确日本在侵华时期对中国蚕丝业统制和掠夺的背景及目的。

第一节　近代世界生丝市场的供求结构

近代世界生丝市场是供求寡头垄断的市场，其主要进口消费国为美国、法国、英国和意大利；其主要出口国为日本、中国和意大利；其中意大利既是进口国又是出口国，在不同时期具有不同的角色特点。随着丝织业的发展，近代世界生丝市场的贸易量虽在不同年份和时期有所增减变化，但基本呈现增长趋势。各主要进出口国在近代世界生丝市场上的地位变化如表 3-1 和表 3-2 所示。

表 3-1 是以五年平均值表示的主要生丝进口国的生丝进口量与世界生丝贸易量；表 3-2 是主要生丝进口国五年平均生丝进口量占世界生丝贸易量的比例。从表中的数据可知，法国的生丝进口量从 1870—1874 年平均的 2934.8 吨增加到 1910—1914 年平均的 7254.1 吨。由于第一次世界大战对法国丝绸业的影响，法国的生丝进口量减少至 1920—1924 年

表 3-1 近代主要生丝进口国的进口量统计

五年平均	世界贸易总量 /吨	法国 /吨	美国 /吨	英国 /吨	意大利 /吨	其他 /吨
1870—1874	8320.7	2934.8	426.4	3134.3	575.2	1250.0
1875—1879	9104.5	3704.9	609.6	2086.8	1060.0	1643.2
1880—1884	9997.5	4069.8	1311.8	1601.2	951.2	2063.5
1885—1889	11540.4	4387.7	2111.9	1179.3	918.4	2943.1
1890—1894	13537.5	5105.8	2790.5	861.8	1245.8	3533.6
1895—1899	17403.9	6397.1	4035.1	861.8	1917.9	4192.0
1900—1904	19383.7	6292.1	5668.4	584.8	2351.1	4487.3
1905—1909	23495.4	7066.0	8073.9	503.1	2386.8	5465.6
1910—1914	26706.2	7254.1	10964.6	493.0	2284.4	5710.1
1915—1919	26973.5	5221.3	16113.2	674.4	1230.1	3734.5
1920—1924	29073.8	4827.3	20585.1	358.1	616.3	2687.0
1925—1929	46663.8	6342.2	33283.9	532.1※	396.6	6109.0
1930—1934	42837.7	3381.9	31646.8	1089.6※	341.3	6378.1
1935—1939	38775.1	2338.9	25943.9	2169.7※	155.4	8167.2
合计 (1870—1939)	1619068.5	346619.5	817825.5	80650.0	82152.5	291821.0

资料来源:顾国达.近代中国的生丝贸易与世界生丝市场供求结构的经济分析(日文).日本京都工艺纤维大学博士学位论文,1995:155.

注:※为纯进口量。

平均的 4827.3 吨,1925—1929 年再次恢复至 6342.2 吨,此后由于世界经济大危机的影响,减少至 2923.6 吨。但是,法国生丝进口量占世界生丝贸易总量中的比例以 1875—1884 年平均的 40.7% 为最高,以后呈下降趋势。其中 1914 年以前下降趋势相对缓慢,1915 年以后快速下降。1870—1939 年的 70 年间,法国的生丝进口量为 346619.5 吨,占同期世界生丝贸易量的 21.4%。

美国的生丝进口量在 1929 年以前呈快速增长趋势,由 1870—1874 年平均的 426.4 吨上升至 1925—1929 年的 33283.9 吨。此后,在 20 世纪 30 年代缓慢减少,至 1935—1939 年平均的 25943.9 吨。由于美国生丝进口量

表3-2　主要生丝进口国在世界生丝市场的地位

五年平均	世界贸易总量/吨	法国/%	美国/%	英国/%	意大利/%	其他/%
1870—1874	8320.7	35.5	5.1	37.7	6.9	15.0
1875—1879	9104.5	40.7	6.7	22.9	11.6	18.1
1880—1884	9997.5	40.7	13.1	16.0	9.5	20.7
1885—1889	11540.4	38.0	18.3	10.2	8.0	25.5
1890—1894	13537.5	37.7	20.6	6.4	9.2	26.1
1895—1899	17403.9	36.8	23.2	5.0	11.0	24.0
1900—1904	19383.7	32.5	29.2	3.0	12.1	23.2
1905—1909	23495.4	30.1	34.4	2.1	10.2	23.2
1910—1914	26706.2	27.2	41.1	1.8	8.6	21.3
1915—1919	26973.5	19.4	59.7	2.5	4.6	13.8
1920—1924	29073.8	16.6	70.8	1.2	2.1	9.3
1925—1929	46663.8	13.6	71.3	1.1	0.9	13.1
1930—1934	42837.7	7.9	73.9	2.5	0.8	14.9
1935—1939	38775.1	6.0	66.9	5.6	0.4	21.1
合计（1870—1939）	1619069.0	21.4	50.5	5.0	5.1	18.0

资料来源:顾国达.近代中国的生丝贸易与世界生丝市场供求结构的经济分析(日文).日本京都工艺纤维大学博士学位论文,1995:156.

的增长幅度远大于法国等国的生丝进口量的增长幅度,因此其在近代世界生丝市场中的地位大幅度上升。由1875—1879年平均的6.7%,增加到1905—1909年平均的34.4%,到1930—1934年为73.9%。自1915年开始,美国的生丝进口量占近代世界生丝市场贸易量的一半以上,至1921年达到2/3以上。因此,可以认为美国在20世纪20年代逐渐建立近代世界生丝市场上垄断性的进口国地位。1870—1939年的70年间,美国的生丝进口总量达817825.5吨,占同期世界生丝贸易总量的50.5%。

英国的丝绸业在1860年《英法自由通商条约》签订后,由于法国廉价丝绸大量免税出口英国,开始快速衰退。其表现在生丝进口量从1870—1874年平均的3134.3吨快速减少至1890—1894年平均的861.8吨,至

1920—1924 年平均进口量只有 358.1 吨。1929 年 10 月世界经济大危机发生后,随着丝绸价格的大幅度下降及法国丝绸业萎缩带来的丝绸进口量的减少,英国丝绸业再度发展,英国的生丝纯进口量由 1925—1929 年平均的 532.1 吨快速增加至 1935—1939 年的 2169.7 吨。英国丝绸业兴衰带来的生丝进口量的变化使英国在国际上的地位也随之起伏。从 1870—1874 年平均的 37.7％下跌至 1925—1929 的 1.1％后,又提高至 1935—1939 的 5.6％。1870—1939 年的 70 年间,英国生丝进口量约为 80650.0 吨,占同期世界生丝市场贸易量的 5.0％。

意大利的生丝进口量受到意大利丝业的发展、生丝贸易政策及第一次世界大战等的影响,在不同时期有较大的增减变化。其在近代世界生丝市场上所占地位也随着大幅度波动而起伏不定。意大利生丝进口量占近代世界生丝贸易量的比例由 1870—1874 年平均的 6.9％上升至 1875—1879 年的 11.6％后,又降低至 1885—1889 年的 8.0％,在 1900—1904 年上升至 12.1％后,逐年下跌至 1925—1929 年的 0.9％。1935—1939 年间,意大利的生丝进口量只有 155.4 吨,仅占世界生丝贸易量的 0.4％。1870—1939 年的 70 年间,意大利的生丝进口量为 82152.5 吨,占同期世界生丝贸易量的 5.1％。

德国、瑞士、印度、俄罗斯等国家和中国香港地区在近代世界生丝贸易中也占有一定的地位。除美国、法国、英国和意大利四国外,其他国家和地区生丝进口总量只有 291821.0 吨,占同期世界生丝贸易量的 18.0％。

表 3-3 所示是近代世界生丝贸易量和主要生丝出口国生丝出口量的五年平均值。以表 3-3 为基础计算得出的主要生丝出口国在近代世界生丝贸易中所占的地位变化如表 3-4 所示。中国的生丝出口量从 1870—1874 年平均的 3794.0 吨一直增加到 1925—1929 年平均的 10460.1 吨。但是,中国生丝出口量占世界生丝贸易量的比例呈下降趋势,以 1875—1879 年平均的 48.7％为最高,1885—1889 年平均为 40.2％,1905—1909 年平均为 30.4％,1925—1929 年平均为 22.4％,1935—1939 年平均仅占 11.1％。1870—1939 年的 70 年间,中国生丝的出口总量为 444465.5 吨,占同期世界生丝贸易量的 27.5％。日本的生丝出口量从 1870—1874 年平均的 610.3 吨,逐年增加至 1930—1934 年的 31879.1 吨;此后至 1938 年呈缓慢下降的趋势。

表 3-3　近代主要生丝出口国的生丝出口量统计

五年平均	世界贸易总量/吨	中国/吨	日本/吨	意大利/吨	法国/吨	其他/吨
1870—1874	8320.7	3794.0	610.3	1928.3	955.6	1032.5
1875—1879	9104.5	4430.6	943.4	1426.9	1382.2	921.4
1880—1884	9997.5	4173.2	1367.9	1791.3	1669.4	995.7
1885—1889	11540.4	4634.5	2052.6	2121.5	1671.5	1060.3
1890—1894	13537.5	5769.5	2652.5	2113.1	2145.2	857.2
1895—1899	17403.9	6922.6	3292.2	3036.3	2770.4	1382.4
1900—1904	19383.7	6847.5	4605.7	3973.6	2166.6	1790.3
1905—1909	23495.4	7151.5	6236.4	5317.6	2650.0	2139.9
1910—1914	26706.2	8280.6	10053.9	3981.0	2627.0	1763.7
1915—1919	26973.5	8237.3	14202.2	1978.1	1668.2	887.7
1920—1924	29073.8	8083.2	17289.0	2473.3	441.4	786.9
1925—1929	46663.8	10460.1	30400.9	3730.4	511.3	1561.1
1930—1934	42837.7	6015.1	31879.1	2877.1	238.8	1827.6
1935—1939	38775.1	4093.4	28833.8	1867.2	141.7	3839.0
合计 (1870—1939)	1619068.5	444465.5	772099.5	193078.5	105196.5	104228.5

资料来源：顾国达. 近代中国的生丝贸易与世界生丝市场供求结构的经济分析（日文）. 日本京都工艺纤维大学博士学位论文,1995:158.

　　由于日本生丝出口量的增长速度远远高于世界生丝贸易量的速度,而下降速度又慢于世界生丝贸易量减少的速度,因此,日本近代生丝出口贸易量占世界近代生丝贸易总量的比例一直呈提高趋势。从 1875—1879 年平均的 10.4%,1895—1899 年平均的 18.9%,1915—1919 年平均的 52.7%,一路快速上升至 1935—1939 年平均的 78.3%。1870—1939 年的 70 年间,日本出口生丝总量为 772099.5 吨,占同期世界生丝贸易总量的 47.7%,超过中国 20 个百分点。

表 3-4　生丝出口国在近代世界生丝市场的地位

五年平均	世界贸易总量/吨	中国/%	日本/%	意大利/%	法国/%	其他/%
1870—1874	8320.7	45.6	7.3	23.2	11.5	12.4
1875—1879	9104.5	48.7	10.4	15.7	15.2	10.0
1880—1884	9997.5	41.7	13.7	17.9	16.7	10.0
1885—1889	11540.4	40.2	17.8	18.4	14.5	9.1
1890—1894	13517.5	42.6	19.6	15.6	15.8	6.4
1895—1899	17403.9	39.8	18.9	17.4	15.9	8.0
1900—1904	19383.7	35.3	23.8	20.5	11.2	9.2
1905—1909	23495.4	30.4	26.5	22.6	11.3	9.2
1910—1914	26706.2	31.0	37.6	14.9	9.8	6.7
1915—1919	26973.5	30.5	52.7	7.3	6.2	3.3
1920—1924	29073.8	27.8	59.5	8.5	1.5	2.7
1925—1929	46663.8	22.4	65.2	8.0	1.1	3.3
1930—1934	42837.7	14.0	74.4	6.7	0.6	4.3
1935—1939	36775.1	11.1	78.3	4.8	0.4	9.9
合 计 (1870—1939)	1619069.0	27.5	47.7	11.9	6.5	6.4

资料来源:顾国达.近代中国的生丝贸易与世界生丝市场供求结构的经济分析(日文).日本京都工艺纤维大学博士学位论文,1995:159.

　　意大利在从事生丝出口的同时,也进口生丝,但其生丝出口量远大于其生丝进口量。因此,意大利也是生丝出口国。意大利蚕丝业由于受桑蚕微粒子病的影响以及葡萄和橄榄等经济作物的竞争,呈缓慢萎缩状态。19世纪末期,意大利为了促进蚕丝业的发展,于1892年废除了生丝出口税,并对蚕丝业进行奖励。在19世纪末20世纪初,一度呈恢复性增长态势。但受第一次世界大战的影响,意大利蚕丝业步入快速衰退的轨道。如表3-4所示,意大利生丝出口量占世界生丝贸易总量中的地位以1870—1874年的23.2%为最高。1890—1894年平均为15.6%,1905—1909年恢复提高到22.6%,然后逐渐下降至1930—1934年平均的6.7%。1870—1939年的70年间,意大利的生丝出口总量为193078.5吨,占同期世界生丝贸易量的11.9%。

法国既出口生丝,又大量进口生丝。从生丝进出口比较看,法国应该是生丝进口国。从生丝出口国地位来看,在 20 世纪后,法国的比例快速下降,第一次世界大战以后下降速度更快。法国生丝出口量占世界生丝贸易量的比例,从 1870—1874 年平均的 11.5％ 一度上升至 1895—1899 年平均的 15.9％;此后,下降至 1910—1914 年平均的 9.8％,1920—1924 年平均仅为 1.5％。1870—1939 年的 70 年间,法国的生丝出口量为 105196.5 吨,仅占同期世界生丝贸易量的 6.5％。

此外,1870—1939 年的 70 年间,朝鲜、印度、土耳其、奥地利、叙利亚等其他生丝出口国的生丝出口量为 104228.5 吨,仅占同期世界生丝贸易量的 6.4％。

从以上的实证分析可知,在近代世界生丝市场上,最主要的出口国是中国、日本和意大利;最主要的进口国是英国、法国和美国。意大利的蚕丝业由于工业化后劳动成本的大幅度提高、受桑蚕微粒子病的影响以及葡萄和橄榄等经济作物的竞争,较早地进入衰退。在近代世界生丝市场上,生丝出口的竞争主要在中日两国间展开。

第二节　中日生丝输出总量的比较

中日两国在世界生丝市场上的竞争是在进入 19 世纪 70 年代后逐渐开始激化的。如表 3-3 所示,在 1870—1874 年间,中国年均出口生丝 3794.0 吨,而同期日本的生丝出口量只有 610.3 吨,当时中国的生丝出口量为日本的 6.2 倍;至甲午战争时期的 1890—1894 年间,中国年均出口生丝 5769.5 吨,同期日本的生丝出口量为 2652.5 吨,当时中国的生丝出口量为日本的 2.2 倍;第一次世界大战前的 1910—1914 年间,中国年均出口生丝 8280.6 吨,而同期日本的生丝出口量达 10053.9 吨,日本的生丝出口量超过中国,为中国同期平均出口量的 1.2 倍;在 20 世纪世界经济大危机前的 1925—1929 年间,中国年均出口生丝只有 10460.1 吨,而同期日本的生丝出口量多达 30400.9 吨,当时日本的生丝出口量为中国的 2.9 倍;1935—1939 年间,中国年均出口生丝只有 4093.4 吨,而同期日本的生丝出口量达到 28833.8 吨,当时日本的生丝出口量为中国的 7.0 倍。

1870 年日本生丝出口量只有 411.8 吨,至 1876 年突破千吨,1888 年突破 2000 吨,1891 年突破 3000 吨,1912 年突破万吨,1922 年突破 2 万吨,

1927 年突破 3 万吨,至 1932 年达到 34933.0 吨,创近代日本生丝出口量的历史记录。与日本生丝出口量快速增长相对应的是中国生丝出口量的增长缓慢,1870 年中国生丝出口量就达 2972.4 吨,至 1876 年为 4799.1 吨,1888 年稳定在 4641.8 吨,1891 年达 6166.4 吨,1912 年为 9553.8 吨,1922 年下降至 8673.6 吨,1927 年为 9672.5 吨,至 1929 年达到 11484.8 吨,创近代中国生丝出口量的历史记录,但生丝出口量仅仅相当于日本 1912 年左右的水平。

如图 3-1 所示,日本的生丝出口量超过中国位居世界首位的是 1909 年,当年日本的生丝出口量为 8081.6 吨,占世界生丝贸易总量的 30.3％,而中国生丝输出量为 7845.8 吨,占世界生丝贸易总量的 29.4％。从 1916 年开始,日本生丝出口量占世界生丝贸易量的一半以上,1927 年以后达 2/3 强。1935—1939 年达创纪录的 78.3％。因而可以认为,日本自 1927 年起已经基本确立了其在世界生丝市场上的垄断地位。

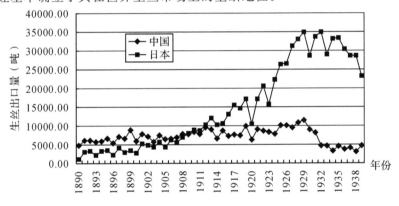

图 3-1　近代中国与日本生丝出口量比较(1890—1939 年)

第三节　中日生丝在英国市场的竞争

英国在 1870 年以前是世界最大的生丝进口国。鸦片战争后,英国最早在开港后的上海和广州设立了租界,并在日本的横滨设立了生丝商馆,积极从中国和日本进口生丝,以供应其国内和欧美市场。

日本在横滨开港以前,几乎没有生丝出口。1858 年横滨开港后,日本开始出口生丝,开港初期由于交通方面的限制,至 1865 年从横滨出口的日本生丝有一部分需经上海中转再出口。1864 年,P&O 轮船公司(Peninsular &

Oriental Steam Navigation Company Limited）把定期航线从上海延长至横滨；1865 年，法兰西帝国邮船公司把上海至横滨的航线作为法国马赛至上海航线的支线，开通每月一班的定期航班，此后从横滨出口的日本生丝开始直接出口至欧洲。

明治维新前后，由于日本的蚕丝业生产规模尚小，可供出口的生丝有限，在英国市场上日本生丝对中国生丝的出口尚未构成明显的威胁。如表 3-5 所示，除 1863—1865 年间，由于清朝残酷镇压"太平天国"起义，江浙蚕丝主产地受战乱影响，蚕丝生产量大幅度减少，使中国生丝出口量大减，而日本生丝作为中国生丝的补充，对英国的出口有一时性的明显增加外，19 世纪的其他年份，日本生丝并未对中国生丝出口英国构成威胁。

表 3-5　英国国别生丝进口量统计

年　份	进口总量/吨	中国丝/吨	日本丝/吨	孟加拉丝/吨	意大利丝/吨
1857	4774.03	3872.30	—	614.16	182.80
1858	2849.91	2048.41	—	527.07	225.89
1859	4089.11	3254.51	24.95	567.89	164.65
1860	4003.84	2938.81	293.47	575.15	105.69
1861	3719.44	2778.24	337.47	408.23	146.06
1862	4214.30	3068.99	442.70	417.76	131.54
1863	3850.07	1993.53	1040.54	502.58	225.43
1864	2510.17	1163.91	530.70	520.72	170.10
1865	3053.57	1760.38	534.78	610.99	53.07
1866	2169.97	1184.78	336.11	570.16	51.71
1867	2415.82	1533.59	316.61	510.74	30.39
1868	2958.31	2081.98	386.01	419.12	63.05
1869	2169.97	1390.25	396.89	329.76	44.00
1870	2871.68	2013.03	346.09	379.65	86.64
1871	3446.38	2335.99	488.52	478.99	90.72
1872	3080.78	2296.53	388.73	305.72	54.43

资料来源：杉山伸也.幕末、明治初期における生丝出口の数量の再检讨.社会经济史学，1979(3)：43.

　　进入 20 世纪,英国的丝织业有所复苏,尤其是第一次世界大战给法国丝织业带来的影响,使法国丝绸对英国的竞争压力有所减弱,加上 20 世纪 20 年代超短裙开始流行带来的长筒丝袜消费量的增加和丝绸服饰消费的再次流行,使英国的丝织业再度兴旺起来,生丝进口量呈现明显的增长。随着日本蚕丝生产规模的急剧扩大和生丝出口竞争力的提高,在世界生丝市场供大于求的背景下,日本加强了对英国的生丝出口。如表 3-6 所示,1927 年日本生丝对英国的出口量超过中国。1929 年世界经济大危机全面爆发,生丝价格暴跌,导致英国丝织业规模迅速扩大,生丝输入量明显增加。1931 年日本通过政府补贴采取低价倾销库存生丝的手段,占领英国生丝市场的 3/4 份额。1932—1939 年间,英国的生丝市场被日本所垄断。

表 3-6　中日两国生丝在英国市场的竞争(1925—1937 年)

年　份	进口总量/吨	中国/%	日本/%)
1925	371.9	37.0	11.1
1926	465.5	36.1	29.3
1927	534.9	29.8	44.0
1928	680.6	30.4	42.6
1931	850.4	13.4	74.6
1932	1067.0	11.0	81.8
1933	1279.1	12.1	77.0
1935	1875.1	6.9	85.9
1936	18945.1	9.7	85.2
1937	2219.9	10.9	82.9

　　资料来源:蚕丝业同业组合中央会(1930).第 299 页;横滨生丝检查所(1993).第 50 页;横滨生丝检查所(1937).第 51 页.

第四节　中日生丝在法国市场的竞争

　　1860 年法国和英国的《英法自由通商条约》和 1861 年法国和意大利的《意法自由通商条约》签订后,随着英国丝绸业的萎缩和法国丝绸业的快速发展,法国的生丝进口量大幅度增加。1874 年,法国取代英国成为近代世界生丝市场的最大进口国。① 法国生丝进口量的变化反映了法国丝绸业的发展情况。随着法国丝绸业的兴衰变化,法国生丝进口量在 1870 年至第一次世界大战前的 1914 年呈现逐年增加的趋势,此后生丝进口量呈现下降趋势。其中,1925—1929 年间随着世界经济的持续发展,丝绸服饰和丝绸连裤袜的流行,法国生丝进口量一度增加;但 1930 年以后由于近代世界经济大危机的影响,法国生丝进口量大幅度下降。

日本在开港初期,把英国和法国作为其生丝的主要出口市场。明治维新前后,日本出口生丝的近 60% 面向英国市场,近 40% 面向法国市场。由于当时日本蚕丝业的生产技术尚未取得明显进步,生丝出口在中国生丝的传统市场上显得竞争力不足。日本于 19 世纪 70 年代中期成功地开拓了美国市场;而后,在法国生丝市场上中日两国虽有竞争,但至 1933 年中国生丝一直处于优势地位(见表 3-7)。

20 世纪 30 年代初世界经济大危机的爆发引起生丝价格暴跌,中国生丝输出量大减,日本乘势低价倾销。在价格斗争上,日本采用跌价与抬价交替使用的手段,比如在我国新茧上市丝厂收茧的时候故意抬价收购生丝,造成国际市场行情看好的假象,促使我国丝商高价收茧,增加生丝成本;不仅如此,有的日商洋行还进入我国茧市直接操纵茧价;但当收茧完毕新丝上市时,日本在国际生丝市场上又有意低价倾销。这样,既打击了我国丝厂的生产,又扼杀了我国生丝的出口。通过这些不正当的手段,日本很快占领了法国生丝市场。1935 年开始,日本生丝低价冲击法国市场获得成功,日本生丝占法国生丝进口总量的比例由 1933 年的 28.0%,急剧提高至 1935 年的 56.7%。在 1935—1938 年期间,日本生丝在法国市场的比重年均为 63.4%,而中国仅为 3.2%,可以说日本生丝已垄断了法国市场。

---

① 顾国达.近代中国的生丝贸易与世界生丝市场供求结构的经济分析(日文).日本京都工艺纤维大学博士学位论文,1995:124.

表 3-7 近代法国的国别生丝进口量比例的变化

五年平均	进口总量/吨	中国/%	日本/%	意大利/%	其他/%
1870—1874	2934.8	25.9	7.7	16.0	50.4
1875—1879	3704.9	43.6	10.1	11.5	34.8
1880—1884	4069.8	42.4	13.7	20.6	23.3
1885—1889	4387.7	45.8	15.7	18.2	20.3
1890—1894	5105.8	45.8	22.3	13.4	18.5
1895—1899	6397.1	51.8	19.5	12.8	15.9
1900—1904	6292.1	57.4	10.4	12.4	19.8
1905—1909	7066.0	43.1	11.9	14.5	30.5
1910—1914	7254.1	50.3	21.7	13.2	15.0
1915—1919	5221.3	47.8	27.8	13.1	11.3
1920—1924	4827.3	50.1	18.5	23.8	7.6
1925—1929	6342.2	60.2	7.7	26.2	5.9
1930—1934	3381.9	42.8	25.2	26.6	5.4
1935—1938	2923.6	3.2	63.4	3.4	0.7

资料来源:顾国达.近代中国的生丝贸易与世界生丝市场供求结构的经济分析(日文).日本京都工艺纤维大学博士论文,1995:114、134.

第五节 中日生丝在美国市场的竞争

美国丝绸业在南北战争(1860—1865 年)后得到快速发展。当时英国为了开拓国外市场,采取自由主义的贸易政策,于 1860 年和法国签订了《英法自由通商条约》(*The Anglo-French Commercial Treaty*),废除了从法国进口丝绸所需缴纳 15% 的关税[①],廉价的法国丝绸大量进入英国,使英国丝绸厂大量破产,从而加速了英国丝绸业主和丝织工人向美国的投资移民,在人力、技术和资金上为美国丝绸业的发展创造了条件。此外,美国政府为解消因南北战争造成的财政困难,对进口的工业品采取了高额的关

---

① F. O. Howitt. Silk—An History Surver with Special Reference to the Past Century. *Journal of the Textile Institute*, 1952,42(8):347.

税政策,如丝绸织物的进口税率高达 60％,而对生丝进口实行特别的免税政策。这种"引丝扼绸"的贸易保护政策、鸦片战争后中国生丝出口的自由化以及明治维新后日本蚕丝业快速发展引起的中日生丝市场竞争,为美国丝绸业的大发展创造了条件。

在前述的发展背景下,美国的丝绸业在 19 世纪后期有了快速发展,美国的丝绸工厂数由 1849 年的 67 家,1869 年的 86 家,增加至 1899 年的 483家;原料消费额由 1849 年的 109.4 万美元,增加至 1899 年的 6541.6 万美元;丝绸生产额由 1849 年的 180.9 万美元,增加至 1899 年 1.1 亿美元。美国丝绸织机数由 1874 年的 3584 台,1880 年的 8474 台,1890 年的 22569台,增加至 1900 年的 44430 台;其中动力织机的比例由 1874 年的 58.0％,1880 年 62.8％,1890 年 92.3％,提高至 1900 年的 99.97％,①而同年世界丝绸生产大国——法国动力丝织机占丝织机械总数的比例只有44.8％,②动力丝绸织机的快速普及是美国丝绸业发展的一大特色。

由于丝绸业的快速发展,美国生丝进口量也由 1865—1869 年平均的262.4 吨,增加至 1895—1899 年平均的 4035.1 吨,30 年增加了 14.4 倍。1881 年美国进口生丝 1309.9 吨,超过英国 907.4 吨,成为继法国之后的世界第二大生丝纯进口国;1898 年美国生丝纯进口量达到 3840.6 吨,超过法国的 3497.8 吨,成为世界最大的生丝进口国。③ 1870—1874 年间美国生丝进口量只有 426.4 吨,仅占世界生丝贸易量的 5.1％,1885—1889 年间美国生丝进口量为 2111.9 吨,占世界生丝贸易量的比例提高至 18.3％,1900—1904 年间美国生丝进口量增加至 5668.4 吨,占世界生丝贸易量的比例提高至 29.2％,第一次世界大战期间的 1915—1919 年间美国生丝进口量为 16113.2 吨,占世界生丝贸易量的比例提高至 59.7％,1925—1929年间美国生丝进口量为 33283.9 吨,占世界生丝贸易量的比例提高至71.3％,1935—1939 年间美国生丝进口量为 25943.9 吨,占世界生丝贸易量的比例提高至 66.9％。

美国是中国丝绸的传统出口市场。早在美国独立革命(1775—1883年)成功后的第二年(1784 年,清乾隆 49 年),美国商船"中国皇后号

---

①　F. R. Mason. *The American Silk Industry and the Tariff*. London,1910:144.

②　J. Schober. *Silk and the Silk Industry*. London,1930:242.

③　顾国达. 近代中国的生丝贸易与世界生丝市场供求结构的经济分析(日文). 日本京都工艺纤维大学博士论文,1995:124—125.

(Empress of China)"就从中国广州装运茶叶和丝绸等货物抵达美国纽约，从而开创了中美两国间的直接贸易。① 自鸦片战争后的 20 年间,中国对美国的生丝出口量呈增加趋势,且美国在中国生丝出口中的地位也在不断提高。

进入 19 世纪 70 年代后,在日本发现美国生丝市场的消费潜力,大力开拓市场之际,中国仍以传统的法国市场为中心,对美国生丝市场的发展和需求未引起足够的重视。而日本政府非常重视生丝出口市场的开拓,于 1876 年派遣神鞭知常赴美调查并推销生丝,在市场选择上从以往的英国和法国市场为中心调整为以美国和法国市场为中心。② 日本自 1876 年新井领一郎率先携带生丝向美国市场直接出口后,对美生丝出口量逐年增加。③ 对美国生丝出口量占日本生丝出口总量的比例由 1870—1874 年平均的 2.6％,逐年提高至 1875—1879 年平均的 11.3％,1880—1884 年平均的 35.9％,1885—1889 年平均的 53.6％;从 1884 年开始,美国取代法国成为日本最大的生丝出口市场。在日本生丝出口竞争力增强和以美国市场为中心的出口攻势下,中国生丝占美国生丝进口总量的比例由 1870—1874 年平均的 53.0％,下跌至 1875—1879 年平均的 30.5％。如表 3-8 所示,从 1883 年开始中国生丝在美国市场的优势地位被日本所替代。

表 3-8　中日生丝在美国生丝市场上的地位变化

年　份	美国生丝进口		从中国进口生丝		从日本进口生丝	
	数量/吨	金额/千美元	数量/吨	金额/千美元	数量/吨	金额/千美元
1878	536.5	5103.1	360.9	2957.6	85.3	831.4
1879	858.8	8390.3	524.0	4375.0	193.5	2191.3
1880	1162.2	12024.7	735.3	6794.1	312.9	3546.1
1881	1148.3	10889.7	619.3	6015.4	325.1	3270.1
1882	1309.9	12885.1	540.2	4846.9	424.6	4588.1
1883	1476.6	14042.7	473.3	4370.7	579.8	5589.2
1884	1461.7	12481.5	331.1	3013.4	592.1	5064.5
1885	1553.1	12421.7	387.3	3199.8	673.7	5272.1

资料来源:顾国达.近代中国的生丝贸易与世界生丝市场供求结构的经济分析(日文).日本京都工艺纤维大学博士论文,1995:117.

---

① 全汉升.自明季至清中叶西属美洲的中国丝货贸易.中国经济史论丛(第一册).中国香港,1972:451.

②③ 本多岩次郎.日本蚕丝业史(第一卷).明文堂,1935:160、235.

进入 20 世纪后,随着日本蚕丝业技术的进步和生丝出口竞争力的大幅度提高,日本在美国生丝市场上的优势地位得到巩固和提高,日本生丝占美国生丝进口总量的比例由 1900—1904 年平均的 48.9%,提高至 1910—1914 年平均的 67.7%,1920—1924 年平均的 75.9%,1930—1934 年平均的 89.8%。相反的是,中国生丝占美国生丝进口总量的比例由 1900—1904 年平均的 23.8%,减少至 1910—1914 年平均的 21.0%,1920—1924 年平均的 18.0%,1930—1934 年平均的 7.3%。1937 年日本帝国主义对中国发动了大规模侵略战争,1938 年开始占领中国的江浙等蚕丝主产地,并对蚕丝业实行资源垄断和掠夺政策。战乱损害了我国的生丝出口,加上日本对美国生丝的倾销压力,中国生丝占美国生丝进口量的比例在 1935—1939 年平均只有 5.2%(见表 3-9)。

表 3-9　近代美国的国别生丝进口量比例的变化

五年平均	进口总量 /吨	中国 /%	日本 /%	意大利 /%	其他 /%
1865—1869	231.3	13.1	2.8	—	84.1
1870—1874	426.4	53.0	6.4	—	40.6
1875—1879	609.6	30.5	36.1	—	33.4
1880—1884	1311.8	45.0	34.4	—	20.6
1885—1889	2111.9	24.3	48.3	20.4	7.0
1890—1894	2790.5	23.8	53.4	17.4	5.4
1895—1899	4035.1	28.3	48.6	17.2	5.9
1900—1904	5668.4	23.8	48.9	21.0	6.3
1905—1909	8073.9	18.9	55.2	21.9	4.0
1910—1914	10964.6	21.0	67.7	9.8	1.5
1915—1919	16113.2	20.1	75.8	3.8	0.3
1920—1924	20585.1	18.0	75.9	3.4	2.7
1925—1929	33283.9	15.5	81.5	1.8	1.2
1930—1934	31646.8	7.3	89.8	2.8	0.0
1935—1939	25943.9	5.2	92.5	2.3	0.0

资料来源:顾国达.近代中国的生丝贸易与世界生丝市场供求结构的经济分析(日文).日本京都工艺纤维大学博士论文,1995:117、137.

第四章 抗日战争前中国蚕丝业的发展

　　本章首先简要介绍 1912 年中华民国成立至 1937 年 7 月日本发动全面的侵华战争前的 25 年间中国蚕丝业的发展状况,然后分别介绍浙江、江苏、广东和四川等主产省蚕丝业的发展概况,为理解日本侵华时期对中国蚕丝业统制、资源掠夺及因战乱所造成的损失,作必要的铺垫。

第一节 蚕丝业发展概况

　　甲午战争中,清政府败于日本的残酷现实,刺激我国有识之士对日本社会经济的发展进行深入的研究,并与我国的现实进行比较。他们发现,日本蚕丝业的快速发展对日本国力的提升具有重要的作用。于是,开始重视蚕丝教育和科研,开展蚕丝业改良运动,允许在开港地以外的地方开设机器缫丝厂,大力发展机器制丝业。

　　1897 年林启创办"杭州蚕学馆",开我国现代蚕丝教育之先河。在 1902 年成立的"直隶农事试验场"、1906 年成立的"福建农事试验场"和 1911 年成立的"浙江农事试验场"中均设立蚕科,从事蚕桑试验研究。

　　我国近代机器缫丝业始于上海和广东。上海近代机器缫丝厂始于 1861 年英国怡和洋行在上海租界内开设的规模为 100 釜的"纺丝局"(Silk Reeling Establishment)，该厂于 1866 年倒闭。1878 年美国人经营的旗昌洋行聘请法国技师布鲁纳(Paul Brunat)为督办在上海建成了有 50 釜的旗昌丝厂，江浙沪地区的机器缫丝厂再次发展，到 1882 年上海已有 4 家蒸汽动力丝厂，其中旗昌、公平两丝厂为美商所办，怡和丝厂为英商所办，另一家公和永是 1881 年由与外商有联系的浙江湖州丝商黄佐卿所办，共有意大利式缫丝车 700 台。1897 年江浙地区有机器缫丝厂 34 家 9194 釜，其中上海就有 25 家 7500 釜。广东的近代机器缫丝厂始于 1866 年民族资本家陈启沅引进法国缫丝机，在南海县创办"继昌隆缫丝厂"。到 20 世纪初，在珠江三角洲地区机器缫丝厂已雇用 7 万名工人，主要生产供出口的生丝。

中华民国的开国之父——孙中山先生从小接触蚕丝业，了解蚕丝业在国计民生中的重要性，因此十分关注和重视蚕丝业的发展。他在《实业计划》中强调："现今日本、意大利、法兰西诸国，已起而与中国争此商业，因此诸国已应用科学方法于养蚕制丝之事，而中国固守数千年以来之同样旧法。世界对于蚕丝之需要，既逐日增加，则养蚕制丝之改良，将为甚有利益之事。吾意国际发展计划，应于每一养蚕之县，设立科学局所，指导农民，以无病蚕籽供给之；此等局所，当受中央机关监督，同时司买收蚕茧之事，使农民可得善价。次乃于适当地方设缫丝所，采用新式机器，以备国内国外之消费。最后乃设制绸工场，以应国内国外之需求。缫丝及制绸工场，皆同受一国家机关之监督，借用外资，受专门家之指挥；而其结果，可使该物价廉省，品物亦较良矣。"提出我国"按 4.5 亿人每人用绸缎 2.5 米，即需蚕茧 850 万公担，生丝 7.1 万吨，产绸缎 11.25 亿米，缫丝机 236666 台，织绸机 94000 台。"

基于蚕丝业在社会经济发展中的重要性，在孙中山先生的教导下，民国政府及有关有识之士对蚕丝业的发展还是比较关心的，1912 年 12 月中央政府教育部颁布《专门农业学校规程》。1913 年 8 月中央政府教育部颁布《实业学校规程》。1913 年浙江省筹办模范丝厂，采用新法养蚕。1915 年中央政府农商部颁布茧行条例。同年，中国参加巴拿马太平洋国际博览会，江浙沪均有丝绸名产参加并获奖励。1916 年在上海成立江浙皖茧业公所，协调三省的茧丝事业。同年，浙江省规定各属城镇乡村周围各距 50 里以内无茧行者，准于适宜地点设立茧行一处，每行单灶 10 乘以内，双灶限五乘以内。1917 年 2 月法国在沪商会会长麦田(H. Modier)发起经英美在沪丝商和江浙皖丝茧总工所同意的，组成以改进江浙皖三省蚕桑生产为目的的中国合众蚕桑改良会。1918年江苏省在无锡西门外仓浜里设立江苏省立育蚕试验所。1919年成立浙江蚕桑改良会,并制定了茧行条例和丝厂条例。1920年山东烟台成立烟台蚕丝学校,1932年改为烟台蚕丝专科学校。1921年美国纽约举办了第一次世界丝绸博览会,上海丝绸业组团参加。1922年2月在上海的香港路10号仓库的4楼设立了中美合办生丝检查所。1923年7月广东省省长廖仲恺出于发展广东省蚕丝业的目的,拨款5000银元,委托岭南大学蚕桑科对广东省蚕丝业进行调查;同年11月设立广东省蚕丝局,在岭南大学蚕桑科设办公室,任命蚕桑科主任美国人霍华德(C. W. Howard)为局长,以主持广东省蚕丝业改良工作;并于1925年完成《华南蚕丝业之调查》。

1924年9月1日民国政府农商部在北京召开全国实业会议,讨论各实业发展问题。其中有关蚕丝业的议案有7项。其一是在各省实业厅和总商会设立"蚕丝改良会";其二是减轻丝厂购买干茧税及奖励生丝出口;其三是禁止日本商人收购蚕茧;其四是设立生丝和茶叶检验所;其五是美国减免赔偿金的一部分用于资助茧丝改良;其六是稳定丝业,包括在蚕丝产地设立蚕丝传习所,设立新式缫丝厂,免除茧丝出口税;其七是改良丝绸和夏布等议案。

1929年6月6日在杭州举办西湖博览会,内设丝绸馆,全国各省丝绸业组团参加。我国于1890年6月在广州设立了生丝检查所,但因成效不佳,不久即关闭。1930年在广州再次设立了生丝检查所。同年,江苏女子蚕校费达生、上海环球铁工厂和无锡永泰丝厂的邹景衡等合作研制成功上海式立缫丝车,并在江浙沪推广。1932年秋浙江省在萧绍之南沙设立第一改良蚕桑模范区,取得成效后,积极推广。1933年7月成立浙江省管理改良蚕桑事业委员会;1934年12月将管理改良蚕桑事业委员会改组成浙江省建设厅蚕丝统制委员会。在29个县设立蚕桑改良区,任用技术指导员由38人增加至325人,分发改良蚕种由51902张增加至475006张,养蚕合作社由77社增加至233社,蚕茧产量由7206担增加至48540担。1936年2月将浙江省建设厅蚕丝统制委员会改称为浙江省蚕丝统制委员会。1933年四川省成立川丝整理委员会。1934年2月15日成立全国经济委员会蚕丝改良委员会,会址设在杭州;以浙江省建设厅厅长曾养甫为主任委员,实业部林垦署的谭熙鸿、中国合众蚕桑改良会的葛敬中与何尚平以及无锡永泰丝厂的薛寿萱等9人为副主任委员,广东仲恺农工学校的杨邦杰、浒墅关女子蚕业学校的郑辟疆、上海丝业同业公会的沈骅臣和杭州惠纶丝厂的周君梅等 26 人为委员。1934 年 2 月江苏省政府设立江苏省蚕业改进委员会,实行茧丝统制,在无锡和金坛建立蚕桑模范区,在武进、溧阳、江阴、宜兴、丹阳、吴县、吴江、杨中、江都、句容和镇江等 11 县设立蚕桑改良区,对茧行、种场进行统一管理,对蚕农进行技术指导;设立指导所 169 所,发种 28 万余张,培训蚕农 790 人。同年,在浙江、安徽、湖北、山东、四川和广东等省均设立蚕业指导所。1935 年 6 月浙江省成立生丝推销委员会,曾养甫为委员长,将全省划分为十个蚕区。1936 年 3 月四川省在南充县设立蚕丝改良场,1937 年在重庆北碚和乐山分设川东分场和川北分场,同年 12 月将北碚、乐山、巴县和阆中等蚕种场合并,组建四川省蚕种制造股份有限公司,随即与 1936 年春成立的四川生丝贸易股份有限公司合并,成立四川丝业股份有限公司。

到了 20 世纪 20 年代,机器缫丝业的生产持续上升,达到繁荣期。进入 30 年代后,由于近代世界经济大危机的冲击以及国际市场上日本生丝的倾销对我国生丝的强烈倾轧和排挤,使中国缫丝工业从 1931 年开始明显地衰退。1935 年由于蚕茧价格低,外销出现转机,国内的缫丝厂逐渐恢复活力,并出现了像以无锡永泰丝厂为核心的集茧丝产供销于一体的联营组织。

民国时期,我国蚕丝业的统计仍不系统,所能得到的数据大多数是调查估计数。尽管如此,我们仍可从中看出蚕丝业发展的大致概况。1914 年在上海的日本东亚同文会组织对我国各省蚕丝业进行了调查。当时各省的桑园面积如表 4-1 所示。1914 年我国桑园面积估计为 531.4 万亩,1915 年为 539.3 万亩,1918 年为 427.6 万亩,[①]分别占全国耕地面积的 3.37%、3.74%和 3.25%。1918 年以后各省区的蚕茧生产量统计根据有关资料整理而成,如表 4-2 所示。从表中统计数据可见,20 世纪 20 年代我国蚕丝业有较快的发展,1931 年全国生产桑蚕茧为 220837 吨,达历史最高水平;其中浙江省占 30.8%,广东省占 27.0%,江苏省占 14.9%,四川省占 12.7%,上述四省的蚕茧生产量占全国总产量的 85.4%。以下对主产省蚕丝业的发展作概要介绍。

---

① 曾同春. 中国蚕丝. 北京:商务印书馆,1929:26.

表 4-1 1914 年我国各蚕丝主产地的桑园

省 区	桑园/亩	散栽桑折算/亩	小计/亩
浙江	1369222	127126	1586328
江苏	1023004*	26394	1049398
安徽	133298	212146	345444
广东	620277	19147	639442
广西	12578	11614	28341
四川	159582	426272	585854
山东	15047	64421	79468
湖北	155067	107909	262976
湖南	30336	19898	50234
河南	10036	46208	56244
山西	407575	94612	520187
陕西	6281	10635	16916
云南	16727	11614	28341
其他	8025	168488	64366
合计	3967055	1346484	5313539

资料来源:日本东亚同文会.支那年鉴(第三回),1914.

注:原资料缺乏江苏省的桑园面积,现根据民国 2 年(1913 年)的《江苏实业行政报告书》第二编中各县桑园面积统计补充,合计数也作相应调整。

第二节 浙江省的蚕丝业

浙江省是当时全国最大的茧丝生产省(见表 4-2)。1915 年估计有桑园 156.63 万亩,其中成片桑园 136.92 万亩,零星桑园折算面积 21.71 万亩。1917 年开设茧行 330 家,1921 年有茧行 216 家。1923 年统计有桑园 265.82 万亩,其中吴兴 54.6 万亩,杭县 35.6 万亩,嘉兴和海宁各 35 万余亩,桐乡 18.3 万亩,其余 14 个县的桑园面积在 1～10 万亩不等。1928 年浙江大学蚕桑系对各县的蚕业生产比重进行调查,其中吴兴、海宁和嘉兴 3 个县的养蚕农户数占农户的 100%,海盐、昌化、桐乡、崇德和德清等 5 个县的养蚕农户数占农户的 90% 以上。可见,当时的杭嘉湖地区栽桑养蚕十分普遍。1935 年生产蚕茧量为 374436 担。

表 4-2 近代我国蚕茧生产量的地区分布　　　　　　单位:吨

省区＼年份	1918 年	1925 年	1927 年	1931 年
浙江	46162	59682	68400	68037
江苏	31878	20889	32700	32825
安徽	8535	1790	5826	5968
广东		59682	63444	59682
广西			3336	3282
四川		35809	28080	28051
山东	5094	3581	6600	6565
湖北	10576	5968	7374	7341
湖南		1194		3401
河南	4063	3968	2574	2580
其他	16863	6178	1404	3105
合计	123144	198741	219738	220837

资料来源:顾国达.中国的生丝贸易和世界生丝市场供求结构的经济分析(1842—1949).日本京都工艺纤维大学博士学位论文,1995:8.

另据 1933 年出版的《中国实业志》记载:1932 年浙江省有蚕农 8041252 户,桑园面积 2658193 亩,改良蚕种场 105 家,茧行 320 家,缫丝厂 33 家。浙江省是国内推广改良蚕种最早的省份,由于蚕种饲养量大,改良蚕种供应不足以及蚕农有自制土种的习惯等众多原因,饲养土种的比例较大。1912—1937 年浙江省改良蚕种销售量如表 4-3 所示。

表 4-3 1912—1937 年间浙江省改良蚕种销售量统计

年　份	春种(万张)	秋种(万张)	合计(万张)
1912			少量饲养
1916			千余张
1925			万余张
1926			0.51
1928	1.55	0.05	
1929		6～7	
1930		13.00	
1933	17.94	21.65	39.59
1934	36.10	47.50	83.60
1935	77.40	42.20	119.60
1936	77.40	47.20	124.60
1937	123.10	103.40	226.50

资料来源:王庄穆.民国丝绸史.北京:中国纺织出版社,1995:13.

浙江省的缫丝厂主要分布于杭州、湖州、嘉兴、海宁和萧山等地。1914年有缫丝厂 3 家,1919 年有缫丝厂 3 家,1924 年有缫丝厂 7 家,1929 年有缫丝厂 18 家,1930 年有缫丝厂 19 家,1931 年有缫丝厂 20 家,1934 年减少至 16 家,1936 年又增加至 32 家。1936 年浙江省机器缫丝厂的地区分布如表 4-4 所示。

表 4-4　1936 年浙江省机器缫丝厂的地区分布

地　区	缫丝厂(家)	丝车(台)	地　区	缫丝厂(家)	丝车(台)
杭州	9	2254	海宁	4	814
吴兴	5	1248	海盐	2	508
德清	5	978	萧山	2	752
嘉兴	4	1134	崇德	1	120

第三节　江苏省的蚕丝业

江苏省是我国蚕丝业的主产地之一,据民国 3 年(1914)《江苏省实业行政报告书》记载,1913 年全省 61 个县中有 44 个县有蚕丝生产,桑园面积为 102.3 万亩,蚕农 475533 户,生产蚕茧 630817 担,有制丝户 85051 户。1921—1931 年是蚕桑生产的全盛时期,蚕区有 83％的农户栽桑养蚕,有蚕农 161809 户,桑园面积 118 万亩,蚕种场多达 150 家,生产蚕茧 65 万担。据江苏省财政厅各税局调查,江苏省所产干茧 1923 年为 126087 担,1924年为 91136 担,1925 年为 127319 担,1926 年为 124490 担,1927 年为148492 担[①]。

1933 年江苏省各蚕种场报告的蚕种销售地域汇总如表 4-5 所示,从表中可大致看出江苏省当时的蚕业产地分布概况,蚕种销售数证明无锡是当时江苏省蚕丝业最主要的产地。1934 年江苏省生产蚕茧为 338868 担,1935 年为 198432 担[②]。

---

① 尹良莹.中国蚕业史.台北:华冈书城,1931 年初版,1980 年重印:108.

② 缪毓辉.中国蚕丝问题.北京:商务印书馆,1937.

表 4-5 1933 年江苏省各地蚕种销售统计

县　别	销售量（张）	县　别	销售量（张）
无　锡	452985	镇　江	14297
武　进	91674	句　容	8340
吴　县	80259	常　熟	5145
吴　江	74694	溧　水	3456
宜　兴	72458	高　邮	3100
江　阴	59279	南　京	1700
江　都	26768	靖　江	1080
丹　阳	26442	淮　阴	490
溧　阳	25352	仪　征	464
金　坛	17297		
合　计			965226

资料来源：缪毓辉.中国蚕丝问题.北京：商务印书馆，1937：33—34.

注：根据各蚕种场上报数统计，估计土种未包括在内。

江苏省的机器缫丝厂主要集中于无锡市。1913 年江苏省有机器缫丝厂 8 家，丝车 2492 台（釜，下同），其中无锡有 6 家，丝车 2044 台；1920 年江苏省有机器缫丝厂 29 家，丝车 5636 台，其中无锡有 14 家，丝车 4444 台；1930 年江苏省有机器缫丝厂 57 家，丝车 17100 台，其中无锡有 49 家，丝车 15108 台。由于上海机器缫丝厂发展迅速，1912 年就有机器缫丝厂 48 家，丝车 13392 台；1920 年有机器缫丝厂 63 家，丝车 18146 台；1930 年发展至机器缫丝厂 111 家，丝车 26175 台；上海机器缫丝厂的原料蚕茧主要依靠浙江、江苏和安徽供应，其中江苏蚕茧的相当数量从无锡集散。因此，民国时期无锡的蚕茧交易十分兴旺，成为当时全国最大的蚕茧市场之一。无锡地区蚕茧交易价格的变化如表 4-6 所示。江苏省也是我国蚕种改良的先进省，抗日战争前江苏省改良蚕种的销售量如表 4-7 所示，从江苏省改良蚕种的销售也可窥见抗日战争前蚕业改良的进展。

表 4-6　无锡地区蚕茧价格与茧米比价的变化

年　份	鲜茧平均价 （元/50 千克）	每 50 千克鲜茧换米 （千克）	年份	鲜茧平均价 （元/50 千克）	每 50 千克鲜茧换米 （千克）
1920	50.0	446.5	1929	58.7	368.0
1921	62.1	542.0	1930	57.6	361.5
1922	61.6	457.5	1931	44.0	275.0
1923	85.7	626.0	1932	31.5	197.0
1924	67.0	546.5	1933	47.1	353.0
1925	57.0	485.5	1934	34.9	340.0
1926	55.0	341.0	1935	24.5	183.5
1927	65.0	406.5	1936	32.0	166.5
1928	45.5	284.5	1937	51.0	387.0

资料来源：江苏省地方志编纂委员会.江苏省志——蚕桑丝绸志.南京：江苏古籍出版社，2000：143—144.

表 4-7　江苏省历年改良蚕种销售量

年　份	春种（万张）	秋种（万张）	合计（万张）
1930	约 50.0	66.98	约 117
1931	约 65.0	约 80.0	约 145
1932	50.0	40.0	约 90
1933	53.0	75.0	约 128
1934	80.0	28.9	约 109
1935	65.3	72.4	141.7
1936	122.5	76.2	197.7

资料来源：王庄穆.民国丝绸史.北京：中国纺织出版社，1995：11—12.

第四节　广东省的蚕丝业

1916—1926 年为广东省蚕业的黄金时代，全省有桑园面积 180 万亩，分布于 38 个县，1922 年生产蚕茧 160 万担，有丝车 13.6 万台，生产生丝 13 万担[①]。

据岭南大学农学院蚕业系调查，1925 年顺德、南海和香山三个县共有

① 王庄穆.民国丝绸史.北京：中国纺织出版社，1995：19.

桑园 129.4 万亩,202.3 万人从事蚕丝业,年产桑叶 3175 万担,生产干茧 44.5 万担,生产生丝 8.9 万担(见表 4-8)。与浙江不同,广东近代出口的主要是机器缫制的厂丝。20 世纪 20 年代珠江三角洲丝业最盛时,有 160 家机器缫丝厂,而且形成了以生丝出口为目的的单一作物区,粮食等需从外地输入。20 世纪 30 年代,近代世界经济大危机严重损害了广东的蚕丝业,导致生丝出口锐减,约 3/4 的丝厂倒闭,近 3.6 万丝业工人失业。1932—1934 年,蚕茧价格猛跌 85%,养蚕无利可图,对桑叶的需求也随之减少,如主产地的顺德县有 30% 的桑田被抛弃,许多桑基改种甘蔗。广东省 1925年生产蚕茧为 150 万担,1927 年生产蚕茧为 105.7 万担,1935 年生产蚕茧为 70.9 万担,1946 年生产蚕茧为 16.2 万担。

表 4-8　广东蚕业生产统计(1925 年调查)

地　名	桑园面积（亩）	蚕种数（张）	桑叶产量（千担）	干茧产量（担）	生丝产量（担）
顺德县	665000	883712	17290.0	242060	48412
香山县	328800	386522	7562.4	105874	21175
南海县	300000	351900	6900.0	96600	19320
新会县	60000	79733	1560.0	21840	4368
三水县	30000	30665	600.0	8400	1680
番禺县	10000	11755	230.0	3220	644
清远县	16000	16355	320.0	4480	896
鹤山县	4825	4930	96.5	1351	270
四会县	5000	4600	100.0	1400	280
东江流域	28600	29245	572.0	8000	1600
西江流域	17000	17378	340.0	4760	952
雷州半岛	500	60	1.0	20	4
广东小计	1465725	1816855	35571.9	498005	99601
广西小计	90000	92000	1800.0	25200	5040
合　计	1555725	1908855	37371.9	523205	104641

资料来源:岭南大学农学院蚕业系霍华德、巴士韦尔.华南蚕丝业之调查.广东省农业科学院蚕业研究所刘仕贤选译,1981:29.

注:蚕种为八两种。

第五节 四川省的蚕丝业

四川省的蚕丝业主要分布在嘉陵江和岷江领域,以合川、顺庆、保宁、潼川、绵州和嘉定等地为中心,缺乏成片桑园,以房前屋后畦伴路旁的"四边桑"著名。进入民国后,四川省的蚕丝业首先在四川北部的潼川府三台县一带发展,出现了类似江浙地区的成片桑园。四川省三台县蚕丝业的发展如表 4-9 所示。

表 4-9　四川省三台县蚕丝业发展统计

年　份	桑园面积 (亩)	产茧量 (担)	丝厂 (家)	出口厂丝 (箱)	出口土丝 (箱)
1909	25000	21285	2	133	2386
1910	28000	24500	2	176	2124
1911	33000	33970	3	362	1903
1912	36000	33980	4	584	1675
1913	40000	34560	4	473	1832
1914	45000	43560	4	454	2450
1915	51000	51420	6	925	2542
1916	52000	48675	9	833	2312
1917	53000	48135	9	762	2447
1918	54000	55680	8	862	2845
1919	55000	31935	6	811	1318

资料来源:四川三台县之蚕丝业.农商公报,1920(72).转引自章有义.中国近代农业史资料(第2辑).北京:三联书店,1957:190.

1925—1928 年为近代四川省蚕丝业的最盛期,有桑园面积 58.58 万亩,1918 年生产生丝 36733 担,1925 年生产蚕茧 3.55 万吨[1]。1925 年四川省有机器缫丝厂 18 家,丝车 4432 台;1930 年有机器缫丝厂 20 家,丝车6240 台,为机器缫丝的最盛期。受世界经济大危机的影响,1931 年后四川蚕丝业走向衰退,1934 年仅存机器缫丝厂 12 家,丝车 4286 台,1935 年生产

[1]　王庄穆.民国丝绸史.北京:中国纺织出版社,1995:14.

蚕茧 5675 吨。1930 年前后四川省各地区蚕丝生产量如表 4-10 所示。另据 1946 年《四川新地志》记载,1919—1931 年四川平均年产蚕丝为 3.8 万关担,1932—1936 年为 2.4 万关担,1937—1939 年为 2.05 万关担,1940 年为 2.46 万关担。

表 4-10　1930 年前后四川各区生丝产量　　　　　单位:担

区　别	兴盛期(1927—1928 年)	衰落期(1934—1935 年)
川北区	20000	2300
川南区	10000	2400
川东区	3000	300
下川南区	2000	300
下川东区	2000	100
其他区	3000	100
合　计	40000	5500

资料来源:尹良莹.四川蚕业改进史.北京:商务印书馆,1947:30—31.

第六节　山东省的蚕丝业

　　山东省是我国蚕丝业的发源地之一,有着悠久的历史。北宋时期,山东省所产丝织品贡赋数量占全国丝织品贡赋总量的 40％以上。山东省的蚕丝业受唐朝天宝十四年(公元 775 年)的安史之乱、北宋末年宋室南迁杭州以及长期战乱的影响而衰退。元代棉织业的兴起,也使山东省的蚕丝业受到冲击。明朝中叶以后,山东省的蚕丝业得到复兴,万历年间,山东省的周村、临淄、兖州、昌邑等地成为山东省丝织品的主产地和贸易市场。山东省的柞蚕放养技术至明代已日臻完善,清朝康熙年间山东省的柞蚕放养技术先后传至辽宁、河南、河北、陕西、贵州、四川等地。

　　山东省的蚕丝业可分为桑蚕(家蚕)业与柞蚕丝业两大类。桑蚕茧的主要产地为临朐、新泰、莱芜、沂水、昌乐、寿光、潍县、益都、安丘、蒙阴、淄川、博山等县。据 1914 年统计,全省共有养蚕户 179589 户,年产蚕茧 1126.9 万斤,产值 418.3 万元。[①] 1925 年山东省生产蚕茧 6974.5

---

　　① 青岛守备军民政部.山东之物产(第四编).家蚕,1920:123.

吨，[①]1927 年为 6600 吨，1931 年达 6565 吨。这一时期，桑蚕业年产值在百万两以上的县有临朐、益都和长山，年产值在十万两以上的县有日照、费县、淄川、乐安和曹县。[②]

清朝同治、光绪年间，山东省的柞蚕业已遍及整个胶东地区。民国初年，胶东柞蚕业发展至鼎盛，柞蚕多产于丘陵地带，主要产地为鲁东文登、牟平、海阳、栖霞、蓬莱、昌邑、莱阳、福山、招远等县以及沂蒙山区的沂水、费县、诸城、莒县、蒙阴等县。当时柞蚕业年产值在十万银两以上的县有荣成、文登、宁海、福山、莱阳、日照等县。[③]后来由于日本人在东北对柞蚕丝业进行移民开发，广设柞蚕饲养场和柞蚕缫丝厂，从事大规模柞蚕茧丝对日本的直接输出，导致山东柞蚕茧来源的枯竭，使山东的柞蚕丝厂经营困难，从而影响柞蚕的放养。到 20 世纪 30 年代初，山东全省尚有养蚕户 22544户，全年柞蚕茧产量 19580 担。[④]

19 世纪 60 年代，随着烟台港的对外开放，山东出产的丝和丝织品开始输往国外。但是在开埠初期丝货的出口量并不大，1866 年柞蚕丝的出口量仅 83 担，茧绸的出口量仅 648 担。1877 年，德国宝兴洋行（Crasemann & Hagen）利用部分华商资本，在烟台成立了山东第一家外商缫丝工厂——烟台矿丝局，使用机器进行缫丝，产品全部用于出口，从而扩大了烟台蚕丝的输出量。1882 年烟台出口的柞蚕丝、黄丝、白丝、茧绸、废丝等各类丝和丝织品已达 8085 担。蚕丝和丝织品的大量出口直接刺激了缫丝业与织绸业的发展。19 世纪末，烟台开始零星出现拥有缫车上百架、使用数百缫工的手工缫丝工场。到 20 世纪初，山东各地兴起了举办实业、挽回利权的热潮，许多绅商把购置缫丝器械、设立缫丝工场作为主要投资方向。于是，缫丝工场如雨后春笋般在烟台建立起来。

1892 年矿丝局部分缫车开始使用蒸汽机动力。1899 年，华商兴泰商号又投资兴建了第二家机器缫丝厂——华泰矿丝厂。到 1903 年，烟台已有华丰、华泰、益丰三家机器缫丝工厂，每厂约有缫车 700 台左右；手工缫丝工场 16 家（矿丝局），计有工人 5500 余人，全年约生产蚕丝 8250 担。

---

① 根据《中华民国统计提要》1935 年版的资料，1925 年山东省生产蚕茧 71620担；据上原重美：《支那蚕丝业大观》1929 年版的资料，该年山东省生产蚕茧 116242 担；据马云栋：《山东省蚕丝调查报告及改良意见》，《山东建设半月刊》，1937 年第 2 卷第 10期的资料，该年山东省蚕茧产量为 1243.1 万斤。

②③　庄维民.近代山东市场经济的变迁.北京:中华书局,2000:583、584.

④　上海实业部国际贸易局.中国实业志(山东省).实业部国际贸易局,1934:227.

1906 年缫丝工场发展到 20 家,共有缫丝工 8500 余人,年产蚕丝约 10546 担,其中径运出口 2258 担,其余或用于织绸,或经上海转口输出。1909 年烟台共计有手工缫丝工场 38 家,机器矿丝厂 3 家,缫丝工 17000 余人,各工场资本总额达 500 万两,义丰恒、成生利、正祥公三家缫丝工场的缫车数均在 700 台以上。1911 年烟台缫丝工场发展到 40 家,缫丝工人约 14000 余人,年产蚕丝 14000 担。1912 年烟台手工缫丝工场达 44 家,缫车总数达 14629 台,年产蚕丝约为 15700 担。①

在胶东柞蚕丝缫丝业兴盛的同时,山东内地缫丝业也获得了较快发展,并逐渐形成了临朐、周村、青州三个中心。清末,临朐一带年产丝 10 万千克,周村年产丝 2.5 万千克,周村丝的年集散量为 1.5 万千克。截至 1911 年,临朐先后有德太、天增义、恒裕、永源四家手工缫丝工场成立,其中德太拥有资本 5 万元,缫车 40 台,年产丝 1000 千克;天增义拥有资本 10 万元,缫车 60 台,年产丝 1500 千克;恒裕拥有资本 8 万元,缫车 60 台,年产丝 1250 千克;永源拥有资本 3 万元,缫车 50 台,年产丝 1200 千克。青州最早的缫丝工场裕祥福成立于 1909 年,拥有资本 20 万元。1910 年又有义泰昌、利亨泰、聚丰泰三家工场成立,其中义泰昌资本 1.5 万元,有缫车 30 台,年产丝 700 千克;利亨泰、聚丰泰各有资本 2 万元,缫车 40 台,年产丝均为 1000 千克。②

1914 年日本出兵占领青岛后,日商先后在青岛和张店投资开设了两家机器缫丝厂。1917 年 3 月,属日本长野县片仓组资本的日商铃木格三郎在青岛设立铃木丝厂,随后不久又在张店设立铃木丝厂分厂。青岛丝厂设在台东镇,1917 年 7 月部分开工生产,最初资本为 60 万元,厂内有缫丝机 200 台,工人 350 人,年产量仅 150 担。1918 年 6 月,丝厂扩充规模,缫丝机增至 520 台,年产量增至 1000 担(黄丝 600 担、白丝 400 担),产品全部出口至欧美市场。此时,丝厂定名为日华蚕丝株式会社青岛丝厂。20 世纪 20 年代,丝厂规模继续扩大,1923 年营业额为银元 370 万元,1925 年达 420 万元。同期丝厂资本额达 250 万元,厂内有 5 个缫丝车间、2 个烘丝车间、3 个再缫车间、2 个锅炉房,电气动力 25 马力,缫丝机总数增至 736 台;另外,工厂还拥有回转式选茧台(代替最初的铁索式)、中原式煮茧机等先进设备。丝厂生产由日籍职员管理,工人从当地招募,有缫丝工 736 人、再缫工 60

---

① 庄维民.近代山东市场经济的变迁.北京:中华书局,2000:322.

② 青岛守备军民政部.山东之物产(第四编).家蚕,1920:75—77.

人、选茧女工 43 人,加上其他工序的杂役,工人总数约 1100 人。丝厂全年产量为 1500 担。30 年代初,张店分厂的资本额也达 250 万元,厂内有蒸汽缫丝机 396 台,设计能力为年产丝 1000 担。

1923 年,日商上海制造绢丝株式会社(钟渊纱厂资本)在青岛设立了第三家日资丝厂——公大丝厂。丝厂有缫丝机 200 台,并安装获得日本专利的新式直缫机 26 台,该机每台可同时缫制 36 条丝,每个丝条有自动添绪器和丝框自动制动机,是当时国内较先进的缫丝机械。1930 年日商缫丝厂的缫丝机总数已达 1332 台,而华商机器缫丝厂的缫丝机只有 760 台,丝产量也只有日商丝厂的一半。[1]

1925 年前后,山东蚕丝业进入最盛时期。各地丝场(厂)纷纷成立,全省共有丝场 360 余家,年产黄白丝达 8000 箱。1927 年临朐、益都、周村小框缫丝工场共 148 家,缫车 2242 台。据统计,1930 年山东 26 个产丝县共生产桑蚕丝 561.8 吨,其中大框丝产量 284.3 吨,小框丝产量 277.5 吨。1929 年资本主义世界发生经济危机,国际市场丝价开始大幅跌落。1931 年后,国内缫丝工业因蒙受经济危机的冲击,生丝销路空前呆滞,存货堆积,丝厂纷纷倒闭歇业。1932 年山东丝厂由上年的 216 家锐减至 113 家。

1937 年日本发动全面侵华战争,在日军铁蹄践踏之下,山东各地蚕桑改良机构悉遭破坏。当年 12 月日军占领益都和临朐等地,当地蚕业试验场和蚕种制造所的桑田、房屋和制种设施几乎全部被毁。山东近代蚕丝业改良进程也被迫中途夭折。山东省桑蚕茧产量由 1931 年的 131300 担减少至 1940 年的 56900 担(见表 4-11)。

表 4-11　山东省各县桑蚕茧生产量估计　　　　　　　　　　单位:担

县　　别	1925 年	1940 年
潍　县	400	360
昌乐县	2000	640
长山县	1230	4800
博山县	10000	5500
莱芜县	12000	7000
蒙阴县	5850	7200
益都县(青州)	4093	4000

---

[1]　满铁经济调查会.山东における工业の発展.1935:53—54.

续表

县　别	1925 年	1940 年
桓台县	1200	4000
淄川县	856	4000
临朐县	40000	5000
沂水县	2468	7500
新泰县	8500	6900
其　他	32245	
合　计	116242	56900

资料来源:1925 年为上原重美.支那蚕丝业大观.冈田日荣堂,1929:689—690.1940 年为华中蚕丝公司的调查,早川卓郎.东亚の蚕丝业.有斐阁,1943:186—187.

第五章　抗日战争前日本对中国蚕丝业的调查与渗透

本章主要从日本对中国蚕丝业的全面调查、战前日本对中国蚕种资源的利用、日系资本对中国制丝业的渗透、日本对中国茧丝资源的商业掠夺和对中国丝绸贸易的打压等方面论述日本侵华前对中国蚕丝业的渗透和资源窥觎。

第一节　日本对中国蚕丝业情报的收集

一、明治时代（1868—1911 年）

由于中日两国在世界生丝市场上的竞争关系，日本一直不断地派遣官方的和民间的视察团到我国江浙等主要蚕区，调查蚕丝业生产的详细情况，为其政府部门和民间蚕丝业实业家提供制定政策的依据。

早在明治 13 年(1880)，日本农商务省商务局出版的《蚕丝贸易概说》中就指出，"清国蚕业广大天下无敌，假若其今天其纺制法还不精良，但出产巨大，售价至廉，占世界蚕丝贸易市场的一半，其中在日本最好的主顾——美国的纽约等市场有逞廉价的竞争力扩大其销路的情况，况且其内地制丝家已经着眼于改良制丝法，刻苦经营者陆续出现，对我日本蚕业家是最恐怖的一大劲敌,也是我商业家必须深切注意的要件。"①

最初对中国蚕丝业的调查报告书是明治 21 年(1888)井上陈政的《清国养蚕详述》,其次是明治 26 年(1893)上野专一的《清国蚕丝及绢布产出ノ地方》,接着是 1897 年高津仲次郎的《清国蚕丝业视察报告书》和锦户右门的《清国茧丝事情》。锦户右门是日本宫城县人,从东京高等商业学校毕业后在大阪从事茧丝业工作。明治 29 年(1896)受横滨井上商店的派遣,锦户右门到中国的上海、苏州、无锡等蚕丝业产地进行为期 1 个月的实地考察,并提交了考察报告。报告的内容包括:中国当时蚕茧的种类与产地、生丝的种类与产地、生丝的输出统计、上海机械制丝的状况、国内蚕茧交易情况以及日本进口中国茧和丝的状况。报告着重将日本蚕茧与中国蚕茧以及两国生丝输出的价格进行了比较。

在民间实业团体派遣人员到中国进行蚕丝业调查后,日本官方农商务省也开始不断派人前往中国考察。最早的是高津仲次郎和松永伍作,两人受农商务省派遣于明治 30 年(1897)到中国蚕丝主产地进行实地调查,归国后向农商务大臣递交了报告书。高津仲次郎是日本群马县人,从事养蚕和蚕种繁育工作。其调查足迹遍及上海、苏州、无锡、杭州、绍兴、余杭、湖州、南浔、嘉兴、镇江、南京、九江、汉口等地,回国后递交了调查报告书——《清国蚕丝业视察报告书》,报告的内容包括:气候风土、桑树栽培、蚕种、蚕儿的饲育及收支、蚕茧的性质及贸易、蚕茧干燥法、制丝业、生丝的贸易、上海生丝与干茧的出口状况、劳动者的佣金及生活等。与高津仲次郎同年赴中国考察的松永伍作是日本福井县人,曾在工部省劝工寮赤坂葵町制丝场从事养蚕、制丝及天蚕饲育工作,1896 年为蚕业讲习所技师,1897 年受派遣往中国考察蚕丝业,他的考察时间要比高津仲次郎更长,考察区域也更广,对中国上海、江苏、浙江、安徽、湖北、广东、山东等主要蚕业产地的蚕桑茧丝的状况进行了全面调查,回国后递交了报告书——《清国蚕丝业视察复命书》。报告内容包括:生丝、制丝、蚕茧、养蚕、蚕种、栽桑、蚕业收入等。

明治 31 年(1898),日本农商务省等部门组织了数十名成员的考察团前往中国考察实业,其中同蚕丝业相关的有蚕业讲习所技师本多岩次郎以及实业家群马县的深沢利重、长野县的中村利元和小田切佑次朗、茨城县吉川荣吉、滋贺县的藤田谕一等共 6 名,目前尚存的报告书主要有明治 32 年(1899)本多岩次郎的《清国蚕丝业调查复命书》和深沢利重的《清国蚕丝

---

① 日本农商务省商务局.蚕丝贸易概说.明治 13 年:71.

业视察报告书》等。《清国蚕丝业调查复命书》详细论述了中国蚕丝业输出的状况、制丝业、养蚕业、栽桑业、蚕业教育等。《清国蚕丝业视察报告书》主要论述了中国洋式器械制丝业、中国旧式制丝业、土地气候是否适宜养蚕、中国的桑树栽培、养蚕以及日中两国的经济事件等。

上述均是短期调查。受农商务省派遣长期在中国主要蚕区居住调查达3～4年，甚至5～6年之久的主要有轰木长、关贞江、峰村喜藏等。轰木长是日本鹿儿县人，毕业于蚕业试验场（即后来的东京蚕业讲习所），明治31年（1898）4月曾在杭州蚕学馆任教，明治33年（1900）2月曾经回过日本，但4月又回到中国调查江浙的蚕丝业，并向农商务省递交了报告书——《清国蚕丝业に关する报告书》。关贞江是明治35年（1902）时农商务省的海外实业练习生，被派往中国浙江调查。关贞江调查了浙江杭州、余杭、嘉兴、湖州、新昌、诸暨等地，重点考察了蚕种的良种繁育、桑树栽培，并总结了在日本可以应用的中国蚕丝业先进技术，在他向农商务大臣平田东助的报告书——《清国浙江省に于ける蚕丝业に关する报告书》中得到了充分体现。峰村喜藏，长野县人，明治25年（1892）毕业于蚕业试验场，明治32年（1899）到中国湖北武昌农务学堂任教3年，明治35年（1902）4月7日开始为期10个月的蚕业调查，先后到过四川、湖北、湖南、河南、江西、安徽、江苏、浙江、山东、直隶、福建、广东等地，几乎走遍了中国所有的蚕丝业产区。可以说，他的调查时间最长、范围最广。回国后，他向农商务省平田东助递交了报告书——《清国蚕丝业视察复命书》。该报告以非常丰富的资料和图片论述了中国当时的蚕业，包括栽桑业、养蚕业、制丝业、绢织物业、柞蚕业、蚕丝输出状况、蚕丝教育等，可以说是所有报告中最详细的一份。

另外，专就制丝业进行调查的主要有小山久佐卫门的《南清制丝业视察复命书》和町田菊次郎的《清韩に于ける制丝业视察复命书》。小山久佐卫门调查的对象是华东和华南的缫丝厂和制丝工场，华东地区他主要对上海、苏州等地制丝工场名称、釜数、营业者的国别进行了调查；华南地区以顺德县大良府制丝工厂为中心展开调查。町田菊次郎调查的对象主要是中国东北部的柞蚕业。

明治末年（1910），曾任横滨生丝检查所所长的紫藤章赴中国调查蚕丝业的现状。他的调查报告——《清国蚕丝业一斑》，论述了江苏、浙江、广东和四川蚕丝业的概况及蚕丝业教育，中国整个蚕丝业教育、政治、交通及金融机构的状况，并从桑园面积、耕地面积推测中国蚕丝业的将来，认为中国蚕丝业有非常大的潜力,只是目前由于国民教育不普及、地方政治混乱、国家贫穷、交通落后、经济机构错综复杂等现状,阻碍了中国产业与商业的发展,预测中国将来通过技术改良等手段会促进蚕丝业大进步,将是日本在世界生丝市场上最大的竞争国。

据不完全统计,1888—1911 年间日本对中国蚕丝业的各类调查报告达40 篇之多(附录 2),在日本有关蚕丝业杂志和报刊上介绍中国蚕丝业及其对日本蚕丝业竞争压力的文章更是数不胜数。

二、战前时期(1912—1937 年)

1912—1937 年是中华民国成立至抗日战争开始的时期,这 26 年也是蚕丝业经历第一次世界大战后的经济危机、世界生丝市场跌宕起伏的时期。在这一时期,日本蚕丝业超过中国飞速发展,为了保持并进一步垄断生丝市场,日本对中国做了更多的调查和考察。满铁是日本进入中国的国策会社,也是日本政府的情报机构,它对中国(主要在华北)进行了大规模的详细而系统的调查,其内容包括各矿山的生产和蕴藏量、交通状况、棉麻等农副产品的利用与潜力、各国在华北的权利与投资等,整理了近百册的调查报告书[1],得到了日本政府的赞许和支持。兴亚院作为日本内阁设立的掌管中国占领区殖民事务的机构,也对中国展开了大量的调查工作。另外,日本大藏省设立了东亚经济调查课,外务省也增加了经济调查力量,日本农商务省及各民间团体也对中国进行了无孔不入的调查。这些在战前对中国展开的大量调查中,中国蚕丝业的调查是其重要组成部分,具体有:1916 年青岛军政署的《山东之柞蚕》,1917 年东亚蚕丝组合的《支那蚕丝业调查概要》,1918 年松下宪三郎著的《支那制丝业调查复命书》,1919 年支那经济社的《支那的蚕丝业》,1920 年久根下美贺的《久根下技师支那蚕业视察报告书》,1921 年松下宪三郎的《支那制丝业调查复命书》,1923 年福岛县内务部的《蚕丝业视察报告书——支那朝鲜部分》,1926 年蚕丝业同业组的《支那四川省的蚕丝业》,1929 年上原重美的《支那蚕丝业大观》,1930年外务省通商局的《江浙养蚕业的现状》,1937 年平塚英吉等著的《第一次中支那重要国防资源生丝调查报告》以及兴亚院的《无锡及太湖南岸地带制丝业调查报告》,等等。据不完全统计,1912—1936 年间日本对中国蚕丝业的各类调查报告达 55 篇(附录 3),在日本有关蚕丝业杂志和报刊上介绍

---

① 转引自居之芬,张利民.日本在华北经济统制掠夺史.天津:古籍出版社,1997:26.

中国蚕丝业及其对日本蚕丝业竞争压力的文章比以往更多、更频繁。

综观日本对中国蚕丝业的调查，有官方的、民间的；有公开的、隐蔽的；有合法的、非法的；有的采用间谍手段，有的则以勘察、考察为名。日本在极大范围内对中国蚕丝业的各个部门和领域进行了详细而具体的调查。这些情报的取得，为日本制定与中国蚕丝业进行竞争的方针政策和计划提供了重要依据。

第二节　日本对中国蚕种资源的利用

日本明治维新后，确定了发展蚕丝业作为富国强民的国策。在当时国际市场上，中国的丝质比较优越，日本人经研究后认为是由于中国的蚕品种比较优越。因此，为了在国际生丝市场上击败中国，日本一直积极派人到中国对蚕丝业进行实地考察，并千方百计地引进中国蚕种进行繁育。

1874年，北海道开拓使厅长官黑田清隆要求日本驻上海总领事馆的领事品川忠道购买中国的三眠蚕进行试验，品川忠道领事让陈福勋从浙江湖州南浔精选了10张蚕种送去；1884年，农商务省技师高桥从湖州引进蚕品种——“清白”；1903—1904年间，小岛米三郎从武昌农蚕学堂取得余杭产的蚕品种——“余杭”和“大圆头”（清国6号），从杭州蚕学馆引进蚕品种——“新昌”（清国20号），从绍兴曹蛾下木村征集蚕品种——“下木村”（清国5号），原产诸暨及从蚕学馆引去的蚕品种——“诸桂、特大诸桂、桂圆、新长和龙角”等，还有原产新昌黄泽的“黄泽”和“后山”等。[①]

1903年日本峰村喜藏到中国实地调查浙江、湖北、四川等地大的地方品种；1904年日本农商务省到中国调查，共征集到一化性品种760个、二化性品种449个、多化性品种41个、黄茧种27个，共计1277个。[②]这些品种经整理后又被日本另行命名，具体有国蚕中1号，即为1911年东京蚕业讲习所从杭州蚕校引进的“青桂”；国蚕中2号，即“桂圆”；国蚕中3号，即1898年从嘉兴引进的“大圆头”；国蚕中4号，即1897年从蚕学馆引进的“诸桂”；国蚕中6号，即余杭产“下木村”；国蚕中8号，即1897年从杭州引进的“新昌长”；国蚕中9号，即“新桂”；国蚕中11号，即“萧山品种”。

---

①② 蒋猷龙.浙江蚕业史研究（第一部分），浙江省农科院蚕桑研究所（油印本），1986:85、86.

中国的蚕品种到日本后被不断地杂交选育,形成了日本的现行品种。比如"萧山品种"经日本选育后被命名为"满月",即华八(日 108)的前身。由于该品种具有茧层厚、丝长、纤度好等特性,一度成为日本的当家品种,在日本推广很长时间。满月作为原始品种被不断杂交选育,在日本的现行品种中,由满月而来的比例约占 36.5%。[①] 可以说,中国的蚕品种是日本蚕种的元祖。[②]

第三节　日系资本对中国制丝业的渗透

日系资本对中国蚕丝业的直接介入早在 19 世纪末,主要从事中国生丝的输出业务以及开设茧行收购蚕茧业务。1894 年中日甲午战争以后,日本通过不平等条约——《马关条约》,获得了在通商口岸开设工厂的权利。于是,日系资本逐步在中国投资建厂,直接以中国蚕业产区为原料基地。日系资本对中国蚕丝业的介入如表 5-1 所示,其中主要有三井集团、片仓集团、钟纺集团和部分贸易商。

一、三井集团

三井集团是日系资本进入中国的先驱,当时主要是从事生丝的海外输出以及蚕茧收购,后来由于三井银行的中上川彦次朗积极推进"三井工业化政策",三井集团上海分公司开始直接投资制丝业。具体如表 5-1 所示中开明社在中国的蚕茧经营活动:1894 年在上海浦东设立干茧所,并建立了 27 釜的制丝场;1914 年与中国人合资在上海创设三元丝厂;1917 年在湖北省汉口和武昌收购蚕茧的同时,投入资金 10 万银两、设备 104 釜设立三井丝厂,第二年在当地招募女工开始生产。

---

① 战后における指定蚕品种の系谱について.蚕丝实验场汇报,第 94 号:64—66.

② 片仓制丝纺织株式会社二十年总结.第 229 页.

表 5-1　日本资本介入中国蚕丝业的相关事件

年份	日本资本在中国直接介入蚕丝业的相关事件
1893	信州系器械制丝联盟——开明社的今井五介等,通过三井物产的斡旋,考察中国江南蚕茧产地,并购买蚕茧。开明社通过三井物产在上海的浦东、无锡设立干茧场和试验制丝场(27 釜)
1894	开明社的代表与片仓组的片仓俊太郎在上海、无锡等地大规模收购蚕茧
1914	三井物产与中国人合资在上海经营三元丝厂,因第一次世界大战而关闭
1915	贸易商宫坂九郎在重庆开设器械丝厂(60 釜),1920 年陷入经营危机,1923 年被民族制丝厂所合并
1916	片仓组派遣片仓胜卫和铃木格三郎等在中国从事蚕茧收购;小口组、石川组也在中国收购蚕茧 片仓组在山东青岛建设占地 73.6 万平方米的缲丝厂,1917 年完成 5 栋厂房(650 釜),后转给东亚蚕丝组合 以片仓组的今井五介为首成立了对中国的直接投资公司——东亚蚕丝组合 贸易商小川爱次郎受片仓组和石川组的委托在汉口从事购茧活动
1917	东亚蚕丝组合在上海租赁经营瑞丰和元大两丝厂(500 釜) 三井物产在湖北武汉设立三井丝厂(100 釜),2~3 年后倒闭
1920	东亚蚕丝组合改组为日华蚕丝股份公司(资本金 250 万日元),成为片仓系的公司
1921	贸易商小川爱次郎在汉口租界设立器械丝厂(25 釜),1924 年扩大至 203 釜,1925 年倒闭
1922	钟纺纺织在上海设立上海绢丝公司,作为向中国扩展的桥头堡
1923	日华蚕丝股份公司在山东省的张店蚕茧收购处建设制丝厂(650 釜)
1923	钟纺纺织向上海绢丝公司增资 100 万日元在青岛沧口建设大规模的绢纺厂,并建成 250 人缲的柞蚕丝厂
1924	日华蚕丝公司投资 20 万元在苏州的日本租界设立瑞丰丝厂(240 釜)
1925	日华蚕丝公司在中国拥有青岛丝厂 719 釜,张店丝厂 396 釜,瑞丰丝厂 240 釜
1926	片仓制丝投资 100 万日元、150 釜缲丝机在中国旅顺市设立满洲蚕丝股份公司
1926	钟纺纺织的上海绢丝公司把青岛柞蚕丝工厂改称青岛丝厂,拥有钟纺式立缲机 26 釜
1927	钟纺纺织上海绢丝公司青岛制丝厂增设钟纺式立缲机 48 釜
1928	上海绢丝公司工厂内引进钟纺式立缲机 10 釜,开始缲丝生产

资料来源:藤井光男.战间期日本纤维产业海外进出史的研究.京都:ミネルヴァ书房,1987.略有调整。

除三井集团在中国经营丝厂外,1915年贸易商宫坂九朗经营的新利洋行与重庆企业家陈瑶章、银行家游仕博合作,在重庆的日本租界内投入资金3万银两,设立了信州式器械制丝设备116釜的又新丝厂;1927年丝厂扩展到350多釜,年产生丝400俵(24吨),是四川器械丝的代表企业。另外,黄泰洋行的经营者小川爱次朗开始时受片仓和石川委托从事蚕茧经营,后与其他2~3名外商在汉口日本租界外大水港共同组建了中华丝厂。中华丝厂的工场管理聘请了毕业于日本上田蚕丝专科学校的毕业生,共有日本职员5名以及日本教妇2名,工人则雇佣当地中国百姓,采用日本式的赏罚方法,作业时间从上午5:00到下午7:30,中间休息1次,工作时间总计达13个半钟头,长时间的劳作和低廉的劳动报酬给日本资本家带来了丰厚的利润,却陷中国劳动人民于水深火热之中。

二、片仓集团

(一)片仓集团与东亚蚕丝组合

片仓集团介入中国制丝业的第一步是1894年在上海浦东建设试验制丝场。19世纪末,日本的缫丝工业已成为日本最大的工业,农村养蚕也逐步形成资本主义商品体系,片仓制丝成长为日本国内著名的制丝业巨头。而20世纪初,日本制丝业更加发达,为了确保原料茧的提供,特约养蚕组合开始形成,致使日本国内各制丝业大资本之间地域分割竞争激烈。片仓集团开始积极开拓海外低廉的原料茧市场,并开展当地加工的策略。1916年以片仓集团的今井五介为首组织了东亚蚕丝组合。该组合由日本蚕丝界的46名有识人士所组织,包括片仓的今井五介、三井的藤濑政次朗、横滨生丝的茂木惣兵卫三名理事,涉泽荣一、吉池庆正两名顾问等,以1股投资额为1万日元,共投资75万日元。1917年,该组合开始在上海租赁了两个丝厂,共500釜(部)丝车,同时在青岛开设丝厂;并拟以上海为中心,收买丝厂,发放收茧资金,操纵蚕丝业的实权,但后来由于第一次世界大战造成欧洲市场需求下降,运费上涨,经营成本上升等原因,组合的资本亏空了一半,最后不得不宣告解散。其后,片仓制丝株式会社投资220万日元改组了这个组织,成立了250万日元资本的公司组织——日华蚕丝股份有限公司(日文名:日华蚕丝株式会社)。

(二)片仓集团与日华蚕丝股份有限公司

日华蚕丝股份有限公司总部设在上海,总务部设在青岛丝厂内,主要由片仓集团控股。该公司经营着青岛丝厂（736釜）和张店丝厂（396釜）以及苏州的瑞丰丝厂（240釜），三个厂共有1372釜（见表5-2）。

表5-2　日华蚕丝股份有限公司1926年度营业报告概况

主要事项	公司职员构成	
所在地　本部：上海白利南路Z600号	工场用地	22000坪
总务部　青岛丝厂内		（72.6万平方米）
青岛丝厂（山东省）	日本人（职员）	28名
工厂　　张店丝厂（山东省）	中国人	
瑞丰丝厂（江苏省苏州）	职员	6名
东京派出所　东京市片仓制丝股份公司内	工头	27名
资本金　250万日元	缫丝部	19名
法定积立金　11万1000日元	再缫部	3名
诸积立金　别途积立金　21万日元	门卫等	5名
固定偿却积立金　40万日元	职工	1016名
工厂固定投资　209万4000日元	制丝工	736名
社　长　今井五介	再缫工	60名
主要职员　专务取缔役　片仓武雄	选茧女工	43名
常务取缔役　铃木格三郎	原茧搬运工	27名
1年生丝生产量　约1700俵（约102吨）	勤杂工	100名
	常佣临时工	50名
	（仅限于青岛丝厂）	

资料来源：藤井光男.战间期日本纤维产业海外进出史的研究.京都：ミネルヴァ书房,1987:277.

1. 青岛丝厂

1914—1917年第一次世界大战期间,日本军队占领青岛。在日本势力的扶持下,日本资本家可以以低价获得土地,并且免除机械进口税,在进出口方面享有多种优惠措施,加上青岛劳动力价格低廉、交通方便,又是北方重要的蚕茧产区,于是青岛成了日本制丝业资本对中国制丝业渗透的中心区域。日华蚕丝股份有限公司首先在山东省青岛市建设占地22000坪（1坪＝3.3平方米）的缫丝厂,其规模即使在当时日本国内也属罕见;次年3月,该公司以同族铃木格三郎的名义投入资金35万日元开始营业,该缫丝厂又称青岛（铃木）丝厂。创业时青岛丝厂设备196釜,后迅速增至650釜,职工总数达1000多人。

由于青岛丝厂规模大,经营管理得当,厂中检验设备齐全,产品质量优越,其生产的泰山牌丝得到了客户的认可。在上海市场,青岛丝厂的泰山牌丝使人们对山东丝刮目相看;在欧洲市场,泰山牌丝树立了良好的信誉,同上海的金双鹿高级品处于同等地位;在横滨市场,泰山牌丝列于最优级高200圆的级位。

2. 张店丝厂

1923 年末,日华蚕丝股份有限公司按照青岛丝厂的经验,投入资本 20 万日元,购置了缫丝车 298 部、锅炉 3 座,在山东张店设立丝厂。该丝厂最初作为青岛丝厂的分厂,专为青岛丝厂向周村收购蚕茧,后来规模扩大,丝车数增至 396 部,年收茧约达 10 万千克以上,并开始独立经营,成立张店丝厂。丝厂由于接近博山、淄川等产煤地区,燃料便宜,再加上工人工资、运费和租金都很低廉,所以生丝的生产成本比较低,但由于水质硬影响了生丝的品质,它的产品天坛牌丝要比泰山牌逊色一点。

片仓集团控制的日华蚕丝股份有限公司倚仗着青岛和张店两个丝厂的经营,控制着山东的生丝市场。

(三)片仓集团与满洲蚕丝股份有限公司

满洲蚕丝股份有限公司(日文名:满洲蚕丝株式会社)是片仓集团于 1927 年在辽宁省旅顺市设立的,公司资本金为 100 万日元,丝车数 150 部,年产丝 165 俵(约 10 吨),全部搬运至横滨和神户后再出口。

如表 5-3 所示,片仓集团所属 4 个丝厂在 1927—1931 年的五年间,共生产生丝 8239 俵(494.3 吨),转运至日本的生丝量为 5382 俵(322.9 吨),转运率达 65.3%。

表 5-3 片仓集团生丝生产量及转运至横滨、神户的数量

年 度		青岛丝厂	张店丝厂	苏州瑞丰丝厂	旅顺丝厂	合 计
1927	生产量(俵)	900	470	330	92	1792
	转运量(俵)	205	345	125	90	765
	比例(%)	22.8	73.4	37.9	97.8	42.7
1928	生产量(俵)	850	330	400	100	1680
	转运量(俵)	760	260	305	100	1425
	比例(%)	89.4	78.8	76.3	100	84.8
1929	生产量(俵)	473	270	545	165	1452
	转运量(俵)	360	180	212	165	917
	比例(%)	76.1	66.7	38.9	100	63.2
1930	生产量(俵)	580	490	180	215	1465
	转运量(俵)	420	430	100	210	1160
	比例(%)	72.4	87.8	55.6	97.7	79.2

年　度		青岛丝厂	张店丝厂	苏州瑞豊丝厂	旅顺丝厂	合　计
1931	生产量(俵)	880	375	355	240	1850
	转运量(俵)	580	255	50	230	1115
	比例(％)	65.9	68.0	14.1	95.8	60.3
1932	生产量(俵)	450	500	停业	45	995
	转运量(俵)	由于银汇率的关系多在当地销售,少量转运至横滨、神户。		0	45	—
	比例(％)			0	100	—

注:年度为 7 月 1 日至翌年 6 月 30 日;1 俵＝60 千克。

资料来源:大日本蚕丝会.日本蚕丝业史(第二卷).东京:明文堂,1935:286.

三、钟纺集团

钟纺集团是日本纺织业大财团,随着公司经营内容的多元化以及日本纺织业所面临的危机日趋严重,钟纺集团开始直接投资制丝业。1922 年,钟纺集团在上海设立上海制造绢丝会社;其后随着青岛成为日本制丝业资本对中国直接投资的中心区域,日本钟纺集团的上海制造绢丝公司继日华蚕丝会社之后,于 1923 年增资 100 万日元,在青岛郊外沧口建立了大规模的纺织工场,其中有柞蚕丝制造厂;1926 年设立青岛丝厂,该厂采用钟纺式机械丝车 26 台,一台 35 绪,每绪有自动添绪器和自动小制动机,其生产能力相当于 232 釜;1927 年增设钟纺式机械丝车 48 台;由于“九·一八”事变的关系,青岛丝厂于 1932 年关闭;第二年所有的设备转移到了朝鲜江原道铁原制丝工场。

四、其他日系资本

(一)中华丝厂

日本崎玉县人小川爱次郎先在武汉设立黄泰洋行,从事面粉业等,考虑到将来当地养蚕业会发展,于 1920 年 5 月在当地租界外的大水巷创办了 25 釜(部)丝车的缫丝厂,1921 年 10 月扩大至 145 釜(部),1924 年 9 月扩大至 203 釜(部),缫丝机为信州式 4 绪缫丝机。1925 年 3 月关闭。[1]

---

[1]　大日本蚕丝会.日本蚕丝业史(第二卷).东京:明文堂,1935:286—287.

（二）又新丝厂

日本长野县（信州）人宫坂九郎于 1908 年进入重庆市，为日本新利洋行的骨干。他认为四川省的蚕丝业将来发展希望很大，于 1915 年伙同中国人陈瑶章、银行家游仕博以资本金 3 万两开办中日合资公司，在重庆市的日本租界创办了 116 釜（部）丝车的缫丝厂，1922 年扩大至 216 釜（部），1923 年扩大至 356 釜（部），成为四川省制丝业的一大重镇，年生产生丝能力约 400 俵（24 吨），其商标为牡丹印，在上海市场与嘉定的金双鹿一起成为四川省黄茧厂丝的代表。[①]

第四节　日系资本对中国茧丝资源的掠购与进口

日本的资本主义工业化和其他资本主义国家一样，是从轻工业开始的。在产业部门中占首位的纺织工业发展尤为快速。但在 1890 年前后纺织资本已开始面临沉重危机，这迫使日本大资本转向缫丝业。1894 年中日甲午战争给日本进入帝国主义阶段铺平了道路，同时日本蚕丝业也获得迅猛发展。到 1909 年前后，日本的生丝输出超过中国，居世界首位，这时日本的制丝业早已十分成熟地成为日本产业部门积累资金的重要产业，但日本国小地少，蚕丝业的发展与农业粮食生产矛盾尖锐，促使制丝业巨头对中国广阔的蚕桑生产基地产生兴趣，蓄意独占中国蚕丝原料茧，把中国蚕业生产变成日本制丝业的原料供给地。

一、对中国蚕茧的掠购

日本商品社和制丝业者对中国蚕茧的收购与进口始于 19 世纪 80 年代，当时日本横滨从事生丝贸易的商社，进口中国产的废茧和双宫茧等，作为加工双宫丝的原料向日本制丝业者推销，1885 年进口量为 0.5 吨，进口额为 12050.6 日元。进入 19 世纪 90 年代后，日本制丝业者依靠三井物产等日系商社的介绍与帮助，开始在江浙蚕丝主产地收购蚕茧。日本从中国进口蚕茧等的数量从 1893 年开始有明显的增加，1893 年进口量为 4.2 吨，1894 年增加到 17.7 吨。1895 年以后主要进口蚕茧、桑蚕丝和柞蚕丝。1896—1900 年，日本从中国进口的蚕茧、桑蚕丝和柞蚕丝数量分别达

---

① 大日本蚕丝会.日本蚕丝业史（第二卷）.东京：明文堂,1935:288.

182.6 吨、12.7 吨和 19.8 吨(见表 5-4)。

表 5-4　19 世纪末日本从中国进口的各类蚕丝数量与金额

年份	蚕茧		桑蚕丝		柞蚕丝	
	数量 (吨)	金额 (千日元)	数量 (吨)	金额 (千日元)	数量 (吨)	金额 (千日元)
1896	27.9	235.1	1.7	102.8	0.6	15.1
1897	42.8	334.4	0.2	10.8	0.3	7.3
1898	27.5	212.1	0.5	28.2	0.9	37.9
1899	48.5	642.2	10.1	960.4	9.1	375.2
1900	35.9	618.6	0.2	25.8	8.9	351.4

资料来源:日本农商务省农务局.第二次输出重要品要览——农产之部(蚕丝).东京:有陵堂,1901.

进入 20 世纪后,日本制丝业者利用自身资金雄厚的特点,进入我国茧市,直接收购蚕茧,为获取高额利润直接或间接操纵茧价,如三井、黄泰、盐川等日本洋行在湖北设立了 10 余所茧行,垄断了湖北的蚕茧市场;山东茧市基本上被青岛(铃木)丝厂所操纵。[1] 如苏州瑞丰丝厂的纲野一希则在苏南茧汛期间利用奸商以高价为诱饵,捣乱茧市。[2] 近代日本贸易统计中,进口蚕茧和柞蚕丝的 99% 以上来自中国,日本制丝业者从中国进口蚕茧以 20 世纪 20 年代为盛,其中 1925—1929 年日本从中国进口蚕茧 558 吨,是 1896—1900 年蚕茧进口量的 3 倍,1930 年后受到近代世界经济大危机的影响,从中国进口蚕茧的数量明显减少。如表 5-5 所示,1905—1937 年,日本从中国进口蚕茧总量 2641.2 吨,进口总额为 4911.2 万日元。

表 5-5　战前日本从中国进口的桑蚕茧数量与金额

年份	数量(吨)	金额(千日元)	年份	数量(吨)	金额(千日元)
1905	37.7	531.3	1922	131.0	3451.8
1906	61.1	799.4	1923	88.0	1915.4
1907	61.9	1090.3	1924	80.3	1781.8

① 徐新吾.中国近代缫丝工业史.上海:上海人民出版社,1990:314.

② 苏州丝厂厂史编写组.苏州丝厂厂史.转引自徐新吾.中国近代缫丝工业史.上海:上海人民出版社,1990:314.

续表

年份	数量(吨)	金额(千日元)	年份	数量(吨)	金额(千日元)
1908	34.3	474.4	1925	116.8	2967.0
1909	66.8	859.3	1926	120.3	2607.0
1910	107.5	1299.8	1927	114.0	1583.0
1911	81.2	919.4	1928	107.3	1533.0
1912	112.8	1152.6	1929	99.6	1756.0
1913	96.6	952.8	1930	64.6	947.0
1914	54.1	683.5	1931	84.6	987.0
1915	106.5	1845.1	1932	25.6	301.0
1916	81.0	1370.8	1933	15.3	179.0
1917	76.1	1368.7	1934	6.0	52.0
1918	138.7	3197.8	1935	39.3	611.0
1919	161.5	5232.0	1936	35.9	586.0
1920	70.2	2460.5	1937	14.5	279.0
1921	150.1	3336.9	合计	2641.2	49111.6

资料来源:日本农林省蚕丝局.蚕丝业要览.昭和14年:296—297.按1斤=0.6千克,1担=60千克换算。

二、对中国生丝的进口

日系公司最早从事中国生丝出口业务的是三井物产公司,它在广州和上海设立有生丝洋行,与法国、英国、意大利和美国等国的洋行一起从事收购中国生丝的出口业务。该公司与第一银行合作于1877年10月31日在上海设立三井物产公司上海支店,1880年7月1日起三井物产公司上海支店脱离第一银行,成为三井物产公司独资的分公司;1901年三井物产公司在广东设立三井物产公司的广东派出所。1911年秋开始,三井物产公司广东派出所开始从事广东生丝的出口业务。1912年10月三井物产公司上海分公司开始从事上海生丝的出口业务。此外,茂木合名公司于1917年在上海开设支店,神户铃木商会于1918年在上海和广东开设支店,横滨生丝股份公司和芝川商店于1919年开始从事中国生丝的出口业务。茂木合名公司于1920年关闭了其上海支店,铃木商会于1926年分别关闭了其上海和广东支店。横滨生丝股份公司于1925年成为三菱直系公司而更名为日本生丝股份公司,其上海支店归属三菱商事公司。① 三井物产公司和三菱商事公司为日系资本在华从事生丝出口业务的主力。

1912 年三井物产公司从上海组织出口生丝 134.8 吨,占同年各洋行从上海出口生丝总量的 2.1%;1914 年三井物产公司从上海出口生丝 174.0 吨,占 4.0%。② 此后,三菱商事公司也从事出口中国生丝的业务。抗日战争期间,在日本侵略军和汪伪傀儡政府的支持下,日本三井物产公司和三菱商事公司在从事出口中国生丝的业务中处于优势地位,1940 年它们从上海出口中国生丝量分别为 735.2 吨和 550.7 吨,分别占同年各洋行从上海出口生丝总量的 21.2% 和 15.9%,在所有外商中分别居第一和第二位。三井物产公司和三菱商事公司组织出口的中国生丝中,有一部分出口至日本,绝大部分出口至美国等其他国家。1912—1937 年的 26 年间,日本从中国年平均进口生丝 84.77 吨,在 1929 年进口量达到了 401.5 吨(见表 5-6)。

表 5-6　中国历年对日本出口的桑蚕生丝量(1912—1937 年)

年份	出口量/吨	年份	出口量/吨
1912	25.4	1925	36.1
1913	7.9	1926	66.1
1914	5.4	1927	94.0
1914	93.2	1928	190.9
1916	10.7	1929	401.5
1917	13.7	1930	262.0
1918	9.3	1931	345.2
1919	93.9	1932	44.5
1920	19.8	1933	46.6
1921	48.3	1934	67.4
1922	39.2	1935	67.6
1923	72.2	1936	61.4
1924	36.3	1937	45.3

资料来源:徐新吾.中国近代缫丝工业史.上海:上海人民出版社,1990:674.按照 1 公担=100 千克换算。

① 本多岩次郎.日本蚕丝业史(第二卷).东京:明文堂,大日本蚕丝会,1935:281.
② 顾国达.近代中国的生丝贸易与世界生丝市场供求结构的经济分析(日文).日本京都工艺纤维大学博士论文,1995:20.

1905—1937年日本从中国进口柞蚕丝达854.9吨(见表5-7)。其中1917—1929年日本从我国进口柞丝额达591万美元,占其向我国进口总额的62.7%。1931年"九·一八"事变后,日本侵占我国东北三省,在1932—1941年以低价进口我国柞蚕丝145吨,占我国当时柞蚕丝出口量的88%。[①] 日本进口我国柞蚕丝,除用于发展本国的柞绸丝织业外,还通过对占领地朝鲜的转口外销,排挤中国柞蚕丝绸对朝鲜的出口。

表 5-7   日本从中国进口的柞蚕丝量额

年份	数量/吨	金额/千日元	年份	数量/吨	金额/千日元
1905	28.1	1223.1	1922	29.5	5413.7
1906	32.4	1605.7	1923	26.6	5084.8
1907	28.8	1638.5	1924	13.9	2592.6
1908	23.2	1444.9	1925	9.2	1526.0
1909	28.5	1456.6	1926	11.6	1761.0
1910	8.2	476.6	1927	8.8	1450.0
1911	17.0	932.9	1928	5.0	543.0
1912	22.1	1126.1	1929	2.8	261.0
1913	16.6	847.2	1930	4.6	368.0
1914	29.9	1543.9	1931	17.5	868.0
1915	49.7	2332.8	1932	11.7	610.0
1916	45.4	2313.1	1933	4.9	270.0
1917	34.1	2570.8	1934	4.5	227.0
1918	88.2	7519.8	1935	5.7	406.0
1919	118.4	12938.0	1936	1.0	71.0
1920	59.4	8416.1	1937	0.3	23.0
1921	67.3	7221.3	合计	854.9	77082.5

资料来源:日本农林省蚕丝局.蚕丝业要览.昭和14年;296—297.按1斤=0.6千克,1担=60千克换算。

---

① 中国丝绸公司.中国丝绸出口统计汇编(下册).1957;31—37.

第五节　日系资本对中国丝绸贸易的打压

一、对中国生丝和丝绸的排挤

　　中日两国作为世界主要蚕丝供给国,在世界生丝市场竞争激烈,而日本的生丝一向以输出为主,所以一直以来都在想方设法排挤中国的生丝。1929 年 10 月纽约市场股市大跌后,世界经济大危机席卷全世界,日本的蚕丝业也遭到了严重影响。于是,日本政府采取了收购补贴和贷款扶植等政策,同时又采用了低汇率政策来刺激生丝出口,进一步在国际市场上排挤中国生丝。

　　有资料表明:"1930 年,日本在海外囤丝,积有九万担之多;而国内的囤积,亦有十万余担。丝价一落再落,每担竟低至五百两左右。本年春,(日本)政府仍颁布救济丝业法规,规定以三千万元为限,五年为期,为补偿银行受抵生丝之损失。三月八日,政府决定以每担一千二百五十元之丝价,受抵标准级以上之生丝十五万箱(八万五千包),是年三月终,帝蚕公司已足收五万箱,六月十日止,各银行亦收足十五万箱,两共收受生丝十一万二千包。"[①]在日本政府支持下的"帝蚕公司"将所有生丝分别储存在国内和美国,又将一部分存丝故意削价出售,所有损失,由日政府及中央丝商协会补助之。一方面笼络外商,不购他国之丝;一方面贬价售出,借以压倒华丝。于是华丝一落千丈。[②]

　　在美国市场,一方面,日本利用 1928 年美国成立生丝交易所时占有的绝对势力,在营业规则中规定交易解货以"日丝"为限,将华丝排斥在交易所之外;另一方面,日本又利用货币贬值在美国市场跌价竞销,而且三井、三菱等洋行还在纽约常存四五万包生丝供用户选购和调换。因此,中国的生丝失去了同日丝的竞争力,至 1936 年,在美国市场上中国的生丝被日丝

---

　　① 朱美予.世界丝业概观.1934:125.转引自周匡明.中国近代蚕业史概论.中国纺织科技史资料(第 11 集),1982:15.

　　② 1934 年 1 月 27 日《中华日报》;李雪纯.焦头烂额之中国丝绸业.新中华杂志(2 卷 8 期),1934(4).转引自周匡明.中国近代蚕业史概论.中国纺织科技史资料(第 11 集),1982:15.

排挤得已无立足之地了。①

在法国市场,日丝同样以低价竞销的手段排挤中国生丝,最终导致法国的用户转向日丝。1935年开始,日本生丝低价冲击法国市场获得成功,到1936年日丝的比重已经超过中国生丝的一倍以上。②日本生丝占法国生丝进口总量的比例由1933年的28.0％急剧提高至1935年的56.7％。在1935—1938年期间,日本生丝在法国市场的比重年均为63.4％,而中国仅为3.2％。至此,日本基本已经达到在国际市场上用低价竞销来排挤中国生丝、夺取中国蚕丝国外市场的目的。

朝鲜曾是中国丝绸重要的传统出口市场之一。因中国丝绸"质地厚重、经久耐用"而受到朝鲜人的喜爱。1889年朝鲜从中国进口丝绸48担(81000余匹),至1898年增加到80担(135000余匹)。1910年朝鲜从日本进口丝绸额为6.2万日元,1920年增加到90.6万日元。相比较而言其中从中国进口比例相当高。日本于1906年在朝鲜设立统监府,1910年改为朝鲜总督府,在朝鲜实行殖民地统治。为了霸占朝鲜丝绸市场,1920年8月开始在朝鲜实施日本关税法,将中国丝绸进口税率从以前的从价7.5％～10％,提高至从价约40％的超过关税法的高税率;1924年7月在朝鲜实施《奢侈品等进口税法》,将中国丝绸的进口税率提高至从价100％。③日本丝绸对朝鲜的出口额从1910年的6.2万日元,增加至1915年的14.9万日元,1920年高达39.0万日元,1930年达到354.1万日元。从日本进口丝绸额占朝鲜丝绸进口总额中的比例1910年为7.0％,1915年提高至56.0％,1920年达到98.7％,1930年高达99.9％。④在日本殖民地政策下,通过歧视性的关税法,使中国丝绸在朝鲜市场的地位为日本丝绸所替代。

二、损毁中国生丝的外销声誉

日本蚕丝业垄断资本和有关商社,在中国广州和上海设立从事生丝贸易的洋行或在内地设立缫丝厂后,出于获取商业利益和借机打压中国蚕丝业的目的,采用各种卑劣的手段,损毁中国生丝的外销声誉。

1927年广东改良粤丝委员会派颜向初赴美国调查蚕丝业,就发现日系洋行在美国生丝市场破坏粤丝贸易的情况,报告如下:"兹查某国洋行用种

---

①② 徐新吾.中国近代缫丝工业史.上海:上海人民出版社,1990:311、313.

③④ 藤井光男.战间期日本纤维产业海外进出史的研究.京都:ミネルヴァ书房,1987:415、416.

种阴谋,破坏我粤丝价,以助某国之丝,得有畅销之路,近闻该行已经沽空广东丝二千包,每磅美金三元九毫,七八月交货——现因某国洋行沽空之故,致广东普通丝由四元一算降至三元九算之价,同时影响各改良丝,亦由四元六算跌至四元三五算,由此观之,我粤丝业之生命,实悬于该国人之手也。……更有言者,某国行常在美市将粤丝价格任意颠倒压低,虽有时美市粤丝价格略涨,而某国行即贬价将彼所有之粤丝沽出,务使粤丝价格无增进之希望,因此在粤之英美法各洋商对于粤丝不敢沽手购买,而美方之生粤丝输入商亦不敢向粤订购,而粤丝遂无真市矣。……”①

苏士(1933)在《日本行操纵粤丝贸易之检讨》中指出:“……其(指日本三井洋行)购买粤丝,实在另有居心,对于营业上利润问题,绝不重视,甚至年中为粤丝,亏本二三百元,亦毫不介意,盖日本行购买粤丝之鹄的,不啻系一种暗中破坏整个广东丝业之策略,故不惜用本伤人,捣乱丝市,使本省内外买家,对于粤丝价格之起跌,无从捉摸,不敢尽量采购,而粤丝贸易,遂趑趄不前,难作长足之进展,其用心可谓毒辣极矣。”②“……日本破坏粤丝贸易之伎俩……不外乎采用贵买贱卖政策……一方面在粤贵买,则粤丝之生产者,因出品获得善价而沽……致桑价、茧价日涨,其他生产费用随之增高;结果,粤丝成本昂贵,于日本行之外,难得可靠之顾客。一方面,在美贱卖,则粤丝之消费者,因日本行所卖之价特廉,其他输入商难与竞争,不得不就日本行交易;结果粤丝非借日本行力量难以推销。此项政策,日本行明知年中牺牲金钞不少,唯能渐次从根本上推翻粤丝贸易,亦殊值得。另一方面,日本为世界丝业最猛进之国……本无需购买华丝……其购买之故,自必含有阴谋……此项华丝,任日本人改头换面,张冠李戴,或变更品质,杂以劣丝,仍号华丝,在国际市场上贬价出售,影响华丝之声誉,至远且大。”③结果,外国丝商吃亏一两次以后,再也不敢订购粤丝了。而日商则达到了在国际贸易中损毁中国生丝外销声誉的目的。1912—1930年间,日本三井洋行出口粤丝数量如表5-8所示。

---

　　①②③　转引自苏士.日本行操纵粤丝贸易之检讨.广东蚕丝复兴运动专刊,广东建设厅蚕丝改良局,1933:71、73.

表 5-8　日本三井洋行出口粤丝数量

年　份	合计(包)	美　国		欧　洲	
		数量(包)	比例(%)	数量(包)	比例(%)
1912	75	75	100	0	0
1913	761	761	100	0	0
1914	2919	2879	98.6	40	1.4
1915	4847	4769	98.4	80	1.6
1916	4902	4657	95.0	245	5.0
1917	4302	3277	76.2	1025	23.8
1918	3504	2545	72.6	959	27.4
1919	2443	1783	73.0	660	27.0
1920	5042	4417	87.6	625	12.4
1921	5508	5241	95.2	267	14.8
1922	10689	9975	93.3	714	6.7
1923	10022	8310	82.9	1712	17.1
1924	5619	4645	82.7	974	17.3
1925	7022	5943	84.6	1079	15.4
1926	8019	6134	76.5	1885	23.5
1930	9019	7770	86.2	1339	13.8

资料来源:苏士.日本行操纵粤丝贸易之检讨.广东蚕丝复兴运动专刊,广东建设厅蚕丝改良局,1933:72.

三、制造混乱,打击华商

日本垄断资本凭借其经济势力操纵我国国内外市场,有意制造价格混乱,破坏我国丝绸贸易。每年新茧上市时,日商利用国外丝商未能完全掌握中、日两个主要产丝国的蚕茧产收情况下,每年的四至六月在国际丝价偏低,而大家均持观望的态度时期,在中国上海、广州设立洋行,并在中国如天津、青岛、武汉、山东、四川等地设立分支机构,在苏州、青岛、重庆、上海设立缫丝厂,在上海还设绢纺厂,到处收罗情报,极其活跃。掌握情况后即蓄意在我国内外制造混乱,如春茧开市前,日本三井洋行明明知道国际市场稳定,却故意将每包生丝价格高几十银两,收进少量生丝。当时华商不知底细,也跟着提价,纷纷争购,造成哄抬现象;这时日本三井洋行乘机对国外高价抛空,等到春茧大量上市,三井洋行又用手段压低市价,这样既捞到暴利,又打击华商。华商由于收进成本高,对外报价相对较高,就很难在国际市场上与日本竞争了。①

---

① 徐新吾.中国近代缫丝工业史.上海:上海人民出版社,1990:297.

第六章　日本对中国东北三省和台湾地区蚕丝业资源的掠夺

甲午战争中清朝败于日本后,1895年4月日本胁迫清朝在日本马关签订不平等条约——"中日马关条约"。日本利用该不平等条约,侵占了辽宁省(当时称为奉天省)南边地方及辽东湾东岸、黄海北岸的辽宁省所属各岛屿(日本称为关东州),台湾及所属各岛屿和澎湖列岛;并索取赔款2亿两白银。1931年9月18日,日本发动"九·一八"事变,侵占了中国东北三省,1932年3月成立伪满洲国,1934年3月1日扶持溥仪登上帝位。直至1945年8月15日日本无条件投降止,日本在侵占中国的东北三省和台湾期间,通过移民开发和投资办厂等活动对中国当地的蚕丝业资源进行掠夺。

第一节　日本对东北三省蚕丝业资源的掠夺

一、东北柞蚕丝业的发展

在金太宗天会年间(1123—1135年)就有锦州野蚕成茧的记载,[①]可见东北三省的柞蚕业已有悠久的历史。据说明朝设立辽东都司曾从山东省移民开发辽河流域,那时曾将柞

---

① 清朝续文献通考.

74

蚕业从山东省传入东北;而东北三省的柞蚕资源得到开发应该是康熙年间。至甲午战争前后,东北的柞蚕业已得到相当的普及,与山东省和河南省一起成为我国柞蚕业的主产地。

但柞蚕茧的产量因年成丰歉而不一定,并受出口市场需求的影响,各年间波动较大。在20世纪20年代的正常年份,全国生产柞蚕茧在110万粒左右,其中辽宁省约80万粒,山东省约30万粒。就山东与东北的柞蚕茧产量比较而言,山东仅占总额的三成,东北约占七成。① 东北的柞蚕产地主要在辽东半岛的西半部及临江以南各县,即:盖平县、风城县、辽阳县、安东县(今丹东市)、宽甸县、桓仁县以及岫岩,西丰、复县、庄河、海城、辑安、临江等地;其中以盖平、岫岩、安东、宽甸、风城、庄河等地区尤为发达。山东省的柞蚕丝产地集中在胶东半岛的宁海、文登、栖霞、海阳、莱阳、昌邑等县以及沂蒙山区的日照、沂水、诸城、莒州、蒙阴等县。

东北的柞蚕茧与柞蚕丝生产量缺乏系统的统计,综合各种资料得出的估计数如表6-1所示。从表6-1的柞蚕茧和柞蚕丝的估计数可见,1919年东北的柞蚕茧产量为69908.0吨,柞蚕丝生产量为3574.9吨,为近代所知的最高年产量。

表6-1　东北柞蚕茧丝生产和输出统计

年　份	柞蚕茧产量估计（吨）	柞蚕丝产量估计（吨）	柞蚕丝	
			输出量(吨)	输出额(海关两)
1907	23409.2	1197.1	642.0	—
1908	43270.8	2212.7	1465.1	—
1909	40974.0	2095.3	1126.6	—
1910	33281.7	1701.9	900.1	—
1911	45252.4	2314.1	—	—
1912	46589.6	2382.5	1476.7	—
1913	41313.1	2112.6	1137.1	—
1914	33199.5	1697.7	984.4	2808950
1915	56285.4	2878.3	1701.0	5137166
1916	29765.6	1522.1	948.7	4599916
1917	42820.4	2189.7	1026.7	4596799
1918	58982.0	3016.2	1170.2	5739621
1919	69908.0	3574.9	1505.6	6697294

① 乐嗣炳.中国蚕丝.世界书局,1935:312—313.

续表

年　份	柞蚕茧产量估计（吨）	柞蚕丝产量估计（吨）	柞蚕丝	
			输出量（吨）	输出额（海关两）
1920	55178.7	2821.7	1217.3	6250691
1921	60278.5	3082.5	1689.4	13077315
1922	54142.6	2768.7	1102.9	11238361
1923	68787.8	3517.6	1606.2	15233754
1924	39096.7	1999.3	1051.7	8329485
1925	69151.5	3536.2	1833.3	11380227
1926	58614.7	2997.4	1522.7	10584906
1927	49704.8	2541.8	1349.6	10204250
1928	54840.2	2804.4	1490.8	8470534

资料来源：大村道渊. 满洲柞蚕经济の史的考察. 研究院月报,1944 年总第 40 号:11.

注：根据同文第 8 页的换算标准，按柞蚕茧 1 担(60 千克)需柞蚕茧 9091 粒，柞蚕丝 1 担(60 千克)需柞蚕茧 177777 粒推算。柞蚕丝生产量按 1 关担=60.453 千克换算。

据《东三省主要产业统计书》记载：辽宁省柞蚕区的面积共有 5099224 亩，占东三省柞蚕区面积的 95% 以上，又安东蚕区面积虽只有 171034 亩，仅占辽宁省蚕区的 3.35%，但全省产茧的 60% 在安东制丝，东北三省所产柞蚕茧的 30%～40% 也都运到安东销售，其余虽在产地制丝，但除小部分柞蚕丝就地消费外，大部分柞蚕丝也运集安东市场出售。因此，安东既是东北柞蚕丝生产的中心，又是唯一的柞蚕茧集散地，也是柞蚕丝贸易的重要商埠，其柞蚕丝厂数与柞蚕丝对日出口数量的变化如表 6-2 所示。

表 6-2　安东柞蚕丝厂数与柞蚕丝对日出口数量的变化

年　份	丝厂数（家）	缫丝机数（台）	柞蚕丝对日出口量（吨）
1904	1	—	—
1911	4	—	—
1912	3	—	105.4
1913	5	—	125.0
1914	6	2515	148.0
1915	11	3671	246.1
1916	14	4350	144.6
1917	21	6382	334.1
1918	29	8512	198.2
1919	46	1540	483.3
1920	63	13542	906.5
1921	57	17406	570.8

年份	丝厂数（家）	缫丝机数（台）	柞蚕丝对日出口量（吨）
1922	64	17853	616.0
1923	67	17853	1083.3
1924	53	16933	784.8
1925	48	16055	1245.5
1926	49	16375	1183.9
1927	47	15335	1045.7
1928	36	19662	1289.3
1929	51	11930	1284.4
1930	36	—	1204.5
1931	35	7964	980.2
1935	40	7794	765.8

资料来源：大村道渊.满洲柞蚕经济の史的考察.研究院月报,1944 年总第 40 号：19—20.

二、日本对东北柞蚕丝业的移民开发与资源掠夺

随着日本柞蚕丝绸业的发展,中国的柞蚕丝资源为日本帝国主义所垂涎。早在 1900 年,作为满洲铁道中央试验所的附属事业就开始进行试验性的柞蚕制丝,建设了包括厂房、仓库等,建筑面积达 1722.6 平方米的柞蚕制丝厂,至 1919 年有改良机器缫丝机 40 台,扬返机 20 台,1920 年 6 月 3 日因满洲铁道改制而关闭。

1907 年在盖平铁道附属用地内曾设立有日本人经营的为大吉成洋行,经营茧栈业掠夺我柞蚕,并附设柞蚕制丝场。

1909 年中野初太郎在安东新市街设立安东柞蚕试验所,1910 年起接受关东都督府的委托,从事柞蚕制丝研究,并得到该府 1000 元的援助。

1910 年 3 月在山东省芝罘（今烟台）从事柞蚕丝贸易的福增源,在安东设立了雇工 180 人、年生产柞蚕丝 1 吨的福增源丝厂。

日商冈村洋行在安东开设的冈村柞蚕制丝厂,1912 年易主并改名为大生丝厂,1919 年达到雇工 163 人,有缫丝机 140 台,生产柞蚕小框丝 740 千克,废丝 556 千克,柞蚕绸 125 千克,1921 年该工厂搬往新义州。

1915 年移民满洲的河合寿一,先从事柞蚕丝的买卖,后与日本的三龙社制丝场经理田口百三商量后,于 1916 年在安东六番通开设柞蚕制丝场,1920 年 2 月在横滨茂木家的援助下改组为股份制的兴东公司,从事柞蚕制丝。1922 年开始同时进行柞蚕饲养。

1919 年安东洋行设立的次下茧处理工场因业务不好,被大分县的中津

绢丝纺织股份公司接收,成为资本金 200 万元的日华绢棉纺织股份公司;1921 年 12 月与富士瓦斯纺织股份公司合并改称为中津绢丝纺织股份公司安东工场,1921 年 9 月时达到雇工约 400 人,有绢纺锭 2500 锭。①

吉井清成在万家岭的满洲铁道公司附属用地中租借 223 亩的土地开始小规模的柞蚕饲养以及柞蚕丝和柞蚕绸的制造。1920 年 12 月得到关东厅的认可和年息五分的补助,1921 年 1 月由吉井清成发起成立满洲野蚕股份公司。

1917 年日本人曾在大连设立满洲绢毛纺织所。1919 年 10 月设立资本金为 6.5 万元的南满绢绸合资公司,1922 年倒闭。1920 年 4 月设立满洲柞蚕纺织股份公司,由石本贯太郎作为总经理,资本金 400 万元(实际到位100 万元)。②

在安东最早从事柞蚕丝买卖的日本人是陈天号经理近藤松五郎。此后,从事柞蚕丝买卖的日本商人不断增加,他们为垄断安东的柞蚕丝贸易,在驻安东的日本领事馆的许可和支持下,成立了安东柞蚕丝商组合。安东柞蚕丝商组合在 1921 年 9 月的成员如表 6-3 所示。为了取得更多柞蚕丝业利权,1922 年安东总商会向奉天省财政厅长王永江要求,获得了对柞蚕加工品不予征税的优惠待遇。

表 6-3 1921 年 9 月时安东柞蚕丝商组合成员一览

职 务	商 号	代 表 者
组合长	铃木商店	南马之助
副组合长	陈天号	近藤松五郎
评议员	兴东公司	河合寿一
评议员	冈村洋行	冈村泉
评议员	铃鹿商店	塚越敬三
组 员	福隆公司	渡边喜八郎
组 员	福原商店	福原茂平次
组 员	松村洋行	松村松助
组 员	三井洋行	池上常次郎
组 员	竹本商店	竹本清次
组 员	天华洋行	河本幸村
组 员	川崎商店	川崎洁

资料来源:大村道渊.满洲柞蚕经济の史的考察.研究院月报,1944 年总第 41 号:31.

①② 中根勇吉.满洲における柞蚕制丝业.满铁调查资料第 19 编,1923:22、17.

此外,在安东等地的日籍柞蚕茧和柞蚕丝商人,为了控制柞蚕的丝茧市场,在朝鲜银行安东支店、满洲银行安东支店、正隆银行安东支店、协成银行、安东实业银行等银行资本的支持下,一方面在柞蚕茧未收成以前就垫付养蚕人款项若干,使其不能转卖给他人,另一方面利用日俄战争后,从清朝强要的"通过陆上国境的铁道货物减税三分之一的特惠税制度",对利用"火车进出之货物,予以三分减一税之利益,直使野蚕丝出口不得不舍上海而直赴横滨。如果转上海需关银 8.71 两,转大连需 5.85 两,那么由安东直运横滨不过 3.16 两",采取减税办法使柞蚕丝不得不输往日本。可以说至 20 世纪 20 年代后,东北柞蚕茧丝的流通已为日商所控制。

三、日本对东北桑蚕丝业的移民开发与资源掠夺

1895 年日本利用不平等条约——"中日马关条约",侵占了辽宁省(当时称为奉天省)南边地方及辽东湾东岸、黄海北岸的辽宁省所属各岛屿(日本称为关东州)。

日本为了掠夺关东州的资源,采用移民开发的办法,其中桑蚕丝业是移民开发项目之一。早在 1906 年日本的移民者就在关东州从事栽桑养蚕并取得较好成绩;1917 年在旅顺市设立关东厅蚕业试验场,从事蚕种制造、蚕业试验和蚕业技术讲习;在大连民政署配备养蚕技术员,指导栽桑养蚕。免费分发蚕种,鼓励日本移民和当地农民栽桑养蚕。1917 年关东州厅出资 1.6 万元作为发展蚕业的奖励费用,免费发放桑树 90 万株;1918 年蚕业奖励费增加至上年的 3 倍余。[①] 1926 年关东州厅制订了"关东州蚕业十年计划"。1927 年成立社团法人"满洲养蚕会",该会作为奖励和指导满蒙一般蚕业之机关,接受关东厅资助,本部设在关东厅内,设支部于旅顺、大连、金州、普兰店、豹子窝等地。

在日本对关东州桑蚕丝业移民开发下,辽宁省沿海和辽河流域的桑蚕丝业得到了一定的发展。如表 6-4 所示,关东州从事桑蚕饲养的农户数从 1914 年的 59 户,最多增加至 1929 年的 1225 户;桑园面积从 1916 年的 712.3 亩,增加至 1928 年的 6640.1 亩;饲养蚕种数由 1919 年的 1823 张,增加至 1929 年的 4601 张;桑蚕茧生产量由 1914 年的 855 千克,增加至 1929 年的 46763 千克。

---

① 乐嗣炳.中国蚕丝.上海:世界书局,1935:440.

表 6-4　关东州桑蚕丝业的发展

年份	蚕农数(户)	桑园面积(亩)	饲养蚕种数(张)	桑蚕茧产量(千克)
1914	59	—	—	855
1915	133	—	—	1841
1916	380	712.3	—	1973
1917	445	1931.6	—	3218
1918	1032	3879.2	—	8081
1919	1159	4747.5	1823	12844
1920	1341	5385.1	2193	13886
1921	1060	4236.5	1832	10815
1922	906	2293.1	2047	12893
1923	1064	2219.2	2216	17344
1924	1015	2096.8	2236	17344
1925	992	2416.3	2403	13751
1926	1121	3234.3	2121	19481
1927	1049	5703.0	2388	27146
1928	1069	6640.1	3484	28474
1929	1225	6579.2	4601	46763
1930	1186	6497.1	4012	38888
1931	987	5188.0	3635	35411
1932	839	4802.4	2535	20235
1933	732	3677.5	2014	21686
1934	608	2961.5	1353	18750
1935	327	1704.8	651	9045
1936	221	1178.2	387	5719

资料来源:伊藤斌.支那蚕丝业研究.大阪屋号书店,1943;356—361.

注:桑园面积按 1 町＝14.876 亩,蚕茧按 1 贯＝3.75 千克换算。

关东州也是东北重要的柞蚕茧丝生产基地,日本在侵占关东州期间不但对桑蚕丝业进行移民开发,而且对柞蚕茧丝也实行移民开发与资源掠夺。1912—1937 年,日本从关东州输入的蚕茧和蚕丝数量如表 6-5 所示。

表 6-5　日本从关东州输入的蚕茧和蚕丝数量

年份	蚕茧(千克)	桑蚕丝(千克)	柞蚕丝(千克)
1912	24.0	—	37444.2
1913	6.0	—	34620.0
1914	3849.0	—	71995.8
1915	1035.0	—	165042.6
1916	1155.0	—	145060.8
1917	1872.0	—	79125.0
1918	30.0	—	198124.8
1919	1072.2	—	200694.6
1920	0.6	—	91775.4
1921	559.8	—	150129.0
1922	—		28067.4
1923	—	3000	—
1924	118.8	6780	5760.0
1925	—	7560	21480.0
1926	1200.0	14880	13620.0
1927	1080.0	15240	20580.0
1928	3960.0	16860	3180.0
1929	6180.0	9540	10080.0
1930	5760.0	5400	22680.0
1931	7260.0	3600	95220.0
1932	3000.0	—	52920.0
1933	1080.0	—	660.0
1934	2700.0	—	—
1935	3240.0	—	720.0
1936	27540.0	—	—
1937	6000.0	—	300.0

资料来源:农林省蚕丝局.蚕丝业要览.1939.

四、伪满政府对东北蚕丝业的统制

1931 年 9 月 18 日日本发动"九·一八"事变,侵占了中国东北三省,1932 年 3 月成立伪满洲国,1934 年 3 月 1 日扶持溥仪登上帝位。自 1931 年的"九·一八"事变后,不仅东北地区的许多柞丝工厂被日本人侵占,而且日本帝国主义还挟制伪满政府,控制东北柞蚕产区,先后设立了资本金 300 万元的满洲柞蚕兴业株式会社、资本金 500 万元的兴亚制丝株式会社以及满洲东洋纺织株式会社等垄断组织。从此,东北以柞蚕丝为中心的缫丝、绢纺和织绸等纺织工业全部陷于日本人之手。

随着柞蚕丝可制仿毛皮(人造毛皮)与其他纤维混纺等新用途的发现,日本对东北柞蚕业资源的掠夺更加重视。1932 年 3 月,伪满政府成立后,在所谓"日满经济一体化"的口号下,遵照日本帝国主义旨意,着手发展柞丝工业。根据 1928 年满洲铁道公司的咨问,1933 年伪满洲政府成立了以实业部长为会长的"满洲蚕丝业公会",作为该公会的事业一部分,在安东设立了"柞蚕丝检查所",在海城和盖平设立"柞蚕丝检查所"的派出所。这一时期至 1937 年抗日战争全面爆发,东北沦陷区的柞丝产销量尚能维持一定的水平,平均年产 3 万关担(18136 吨),但所产柞蚕丝的 75% 以上是被日本掠夺走的。[①]

1939 年 7 月,伪满政府又秉承日本主子的意旨决定"柞蚕对策纲要",并于同年 8 月 19 日设立"满洲柞蚕株式会社",对东北地区的柞蚕业实施统制。满洲柞蚕株式会社的创设资本为满币 500 万元,1941 年增资为 750 万元,分 15 万股(每股 50 元),伪满政府占 5 万股,达 1/3,以进行控制操纵。其余,兴农合作社中央会 2 万股,柞蚕加工业者 3 万股,民间纤维业者 5 万股。社址设于新京特别市(长春市)北安路 622 号,另在安东、奉天(沈阳)、四乎、通化开设支社,并在安东、风城、岫岩、庄河、宽甸、桓仁、复县、盖平、海城、辽阳、抚顺、本溪、清原、西丰、东丰、西安、通化、柳河、辑安等地设置派出所;当时东北有各类缫丝厂(场)910 家,缫丝机 60174 台,各厂(场)均在满洲柞蚕株式会社的统制下,业务全是代缫性质。[②] 满洲柞蚕株式会社对东北柞蚕业的统制图解如图 6-1 所示。

东北柞蚕业经满洲柞蚕株式会社统制后,由于公定茧价过低,且因契

---

① 徐新吾.中国近代缫丝工业史.上海:上海人民出版社,1990:524.

② 王福山,胡仲本.东北柞蚕业调查报告.中蚕通讯,1947(5):18—19.

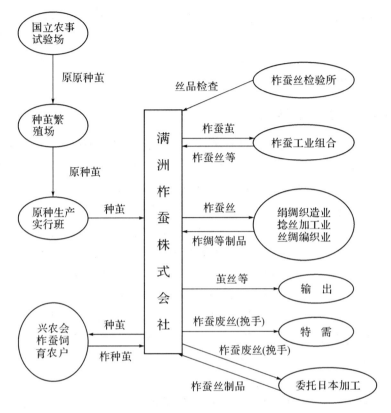

图 6-1　满洲柞蚕株式会社对柞蚕业的统制图解

资料来源:王福山,胡仲本.东北柞蚕业调查报告.中蚕通讯,1947(5):19.

约饲育,条件苛刻,如遇产量不足,必须设法补偿。因此,农民育蚕兴趣减少,而且有些柞蚕区因柞树林逐渐衰老未能更新而日趋荒废;加上伪满实施物资配给制度,农民衣着用布不足,所以,农民采取的反统制斗争办法,就是将柞蚕自缲、自织、自用。这样,满洲柞蚕株式会社对柞蚕实施统制的结果,也只能收购全产量的半数。1939 年东北地区的柞蚕放养户数估计为10 万户,柞蚕茧实际年产量估计在 40 亿粒左右。该年满州柞蚕株式会社共收购柞蚕茧 23.2 亿粒,其中安东收购 15.7 亿粒,奉天收购 5.7 亿粒,四平收购 1.5 亿粒,通化收购 0.5 亿粒;生产柞蚕丝 421.6 吨,柞蚕废丝723.9 吨。

　　1931 年"九·一八"事变前,全东北有各类缲丝厂(场)千余家,1939 年满洲柞蚕株式会社成立时尚有各类缲丝厂(场)910 家,此后因原料不继而多数相继解散关停。至抗战胜利前夕,东北仅存柞丝工厂(场)30 余家,其中规模较大者多数由日本人经营或日本人与华人合资经营,纯粹由华人经营的绝无仅有。东北柞丝的输出量,也由 1937 年的 14950 公担下降为 1938 年的 11989 公担,1939 年为 7691 公担;1940 年为 3873 公担,1941 年为 1102 公担。①

五、东北柞蚕丝的对日输出

中国东北三省的柞蚕丝最早出口日本是在甲午战争以前,当时盖平县所产的大框柞蚕丝经上海出口大阪,国广商店的店主向京都西阵的丝织业者进行介绍推广。此后,柞蚕丝不仅在京都西阵,而且在福井、栃木县的足利、爱知县的尾西、新泻县的见附及岐阜等丝织产地得到推广应用。岐阜的商人看好柞蚕丝,于是派人赴中国山东省的芝罘(今烟台)进行了柞蚕丝织技术的考察。② 随着日本国内经济的快速发展,低价位的柞蚕丝与棉的交织绸在日本平民中消费增加,日本于 1911 年撤销了柞蚕丝的进口税,对野蚕绸进口每百斤征收 200 日元的高关税,加上日本从其殖民地朝鲜市场驱逐中国柞蚕绸的关系,日本对中国柞蚕丝的进口量也随着日本柞蚕丝织业的发展而不断增加,1897 年日本进口的柞蚕丝为 3.2 吨,1899 年增加到 91.1 吨,1906 年达到 323.5 吨,最多的 1919 年为 1183.5 吨,占同年中国柞蚕丝出口总量 2036.1 吨的 58.1%。

如表 6-6 所示,对日本柞蚕丝的出口量占我国柞蚕丝出口量的比例由 1910—1914 年平均的 11.7% 快速上升至平均 1915—1919 年的 41.7%,1920—1924 年平均的 62.4%,1930—1934 年平均达到 71.9%。1929 年 10 月世界经济大危机爆发后,由于桑蚕丝价格的大幅度下跌,日本的柞蚕丝消费市场的大部分被其国产低级桑蚕丝所取代。日本从我国进口柞蚕丝数量大幅度下跌,于是在我国柞蚕丝出口总量中的比例由 1930—1934 年平均的 71.9% 急剧下跌至 1935—1939 年平均的 13.5%。③

1907—1928 年间东北对日本输出的柞蚕丝数量与金额如表 6-1 所示。如前所述,安东既是东北柞蚕丝生产的中心,又是唯一的柞蚕茧集散地,也是柞蚕丝贸易的重要商埠。自 1923 年起安东出口的柞蚕丝量已超过全国

---

① 徐新吾.中国近代缫丝工业史.上海:上海人民出版社,1990:525.
② 大村道渊.满洲柞蚕经济の史的考察.研究院月报,1944 年总第 40 号:8.
③ 顾国达.关于近代中国的生丝贸易与世界生丝市场供求结构的经济分析(日文).京都工艺纤维大学博士论文,1995.

柞蚕丝出口总量的一半,达到 51.1%。此后,安东出口的柞蚕丝量占全国柞蚕丝总量中的比例逐年提高,至 1931 年达到 87.0%。[①] 安东对日本柞蚕丝出口量的变化,从一定程度上反映了日本对东北柞蚕丝资源掠夺的过程。1912—1935 年间,安东对日本的柞蚕丝输出量如表 6-2 所示。

表 6-6　民国时期中国柞蚕丝国别或地区出口量比例(1910—1939 年)

五年平均	出口总量/吨	美国/%	法国/%	日本/%	中国香港地区[*]/%	其他/%
1910—1914	1810.8	26.7	33.5	11.7	11.2	16.9
1915—1919	1610.3	38.2	10.7	41.7	6.8	2.6
1920—1924	1648.9	24.2	8.1	62.4	3.4	1.8
1925—1929	1795.7	27.2	6.5	65.2	0.0	1.1
1930—1934	882.4	17.1	9.2	71.9	0.0	1.8
1935—1939	91.5	17.5	60.8	13.5	0.0	8.3
合　计(1910—1939)	35397.1	28.1	12.2	51.8	3.9	4.0

*:包括中国澳门地区。资料来源:根据海关年报和中国丝绸进出口公司.中国丝绸出口历史统计资料汇编(1902—1949),1989.

　　众所周知,山东省的烟台早于安东成为我国柞蚕丝的生产中心。1903年烟台已有手工缫丝工场 16 家(矿丝局)、机器缫丝厂 3 家,计有工人 5500余人。1911 年,烟台缫丝工场发展到 40 家,缫丝工人约 14000 余人,年产柞丝 14000 担。1912 年,烟台手工缫丝工场达 44 家,缫车总数达 14629台,年产量约为 15700 担。从 20 世纪初起,烟台每年都要从东北输入大批蚕茧,以供沿海地区缫丝业之需。1908—1911 年,烟台蚕茧输入量少则 12万担,多则 24 万担,平均每年约 20 余万担。此后,由于日商垄断了东北柞蚕茧丝的流通,1925 年后辽东地区输入胶东的柞蚕茧数量逐年减少,烟台缫丝工场因缺少原料也随之减少。1930 年胶东牟平、栖霞、文登共有柞蚕缫丝工场 263 家,缫车总数 8182 台,缫丝工 9910 人,年产量 7327 担,柞蚕丝产量比民国初期减少了 2/3。1929 年以后,在国际市场需求减少、丝价波动的影响下,柞蚕丝销路不畅,丝户、丝场屡遭亏折,纷纷歇业,烟台缫丝工场仅存 5 家。1931 年日军侵占东北三省后,柞蚕茧输入几乎停顿,烟台

　　①　徐新吾.中国近代缫丝工业史.上海:上海人民出版社,1990:513.

所剩为数不多的几家缫丝工场全部停顿,胶东牟平等地的缫丝工场也所余无几,[①]烟台的手工茧绸亦因受此打击而一蹶不振。可见,日本对中国东北柞蚕丝业的移民开发与资源掠夺成为导致山东烟台柞蚕丝业衰退最主要的原因之一。

第二节　日本对我国台湾地区蚕丝业资源的掠夺

《隋书》"琉球国传"载,台湾风俗,人死以后,"浴其尸,以布帛裹之",这是有关台湾使用丝绸的最早记载。据传1646年荷兰侵占台湾后,曾着手养蚕。[②]1661年郑成功由内地携带蚕种去台湾,指导养蚕。但当时养蚕并不以缫丝织绸为目的,仅以蚕吐丝作为团扇、提灯等,或纺丝作刺绣用,又以病蚕、蚕纱和桑叶作为药用。清光绪十一年(1885)刘铭传去台设治,讲求蚕棉两途的发展,鼓励林维源在台北的大龙峒、大稻埕、冷水坑、土城等地种植桑树,教导养蚕和缫丝,1889年清朝政府派遣云林县的季联奎等二人赴对岸的台湾考察蚕丝业。在甲午战争前后,台湾蚕丝业已有一定程度的推广。

1895年日本帝国主义侵占台湾后,欲利用台湾优越的气候条件发展蚕业。1896年日本派遣技师冈田真一赴台湾,在台湾总督府内饲养家蚕获得成功。同年,将台湾所产蚕茧送至日本本岛进行缫丝试验。1897年在台北县文山堡新店地方开始鼓励栽桑养蚕,在台中进行养蚕试验。同年尾泽琢郎在考察江浙和广东的蚕丝业后,在停靠台湾时,顺道考察了台湾的蚕丝业,向台湾总督府口述了发展蚕丝业的建议;回日本后向日本农商务省和台湾总督府递交了发展台湾蚕丝业的意见书。1899年12月台湾总督府颁布了《养蚕教习规则》,第二年招聘长野县蚕业教师加藤茂一郎为教习,招收30名岛民子弟学习蚕业。1902年发生抗日暴动后,日本在台湾发展蚕丝业的企图受到冲击。[③]同年3月台湾总督府农事试验场颁布《蚕业传习规程》。1903年新竹县开始奖励蚕业发展;1909年台北县农会从大陆采购桑苗,分发于农民,劝诱发展蚕丝业。1910年台北县农会将所产蚕茧和生

---

①　庄维民.近代山东市场经济的变迁.北京:中华书局,2000:407.

②　陆锦标.台湾蚕业.蚕丝杂志,1947(1):24.

③　本多岩次郎.日本蚕丝业史(第二卷),东京:明文堂,1935:273.

丝送横滨生丝检查所检验。1911年日本议员武藤金吉访问中国台湾,要求发展蚕丝业;其后大森顺造对台湾蚕丝业作专门考察。[①] 1912年佐久间就任台湾总督后,于同年9月以台湾总督府的名义颁布了《台湾蚕业奖励规则》和《茧丝收买规则》,并聘任安达健三郎为台湾总督府技师。自1912—1922年的10年间台湾总督府每年拨款11万~17万元;各县每年的拨款也由1.1万元增加至2.5万元;另在蚕业相关设施方面10年间台湾总督府投入136.9万元,地方投入17.6万元,鼓励发展蚕丝业。[②]

考虑到台湾气候条件适宜多次养蚕,在台湾制种可增加蚕种繁育次数,平衡蚕种供需矛盾。在日本蚕丝业大发展、蚕种供求紧张的背景下,1927年日本郡是制丝公司开始在台湾设立蚕种分场,采用原蚕区经营方式。生产蚕种获得成功后,日本在台湾设立的蚕种制造场,由1928年的2家,增加至1929年的9家,1930年的17家,最多时(1933年)达到41家。蚕种制造数量,由1927年的5498张,增加至1933年的24.9万张,如表6-7所示。

表6-7 台湾蚕种生产与进出口统计　　　　　　　　　　　　单位:张

年　份	蚕种饲养量	蚕种生产量	蚕种输入量	蚕种输出量*
1916	8002	—	9378	—
1917	7614	—	8000	—
1918	6340	1849	6648	2157
1919	6526	1767	9203	4444
1920	5529	2375	5300	2146
1921	4190	3274	6400	5484
1922	5564	1895	2000	−1669
1923	7341	4836	8834	6329
1924	9754	6071	6791	3108
1925	9569	6799	7100	4330
1926	9443	4330	5767	654
1927	7816	5498	4773	2455
1928	6948	21714	—	—

①　本多岩次郎.日本蚕丝业史(第二卷),东京:明文堂,1935:274.
②　陆锦标.台湾蚕业.蚕丝杂志,1947(1):25.

续表

年　份	蚕种饲养量	蚕种生产量	蚕种输入量	蚕种输出量*
1929	9202	56135	5081	52014
1930	8960	86697	4778	82515
1931	7138	6404	2718	1984
1932	7097	43773	2508	39184
1933	9276	249000	1774	241498
1934	8785	154476	1334	147025
1935	4715	82182	1500	78967
1936	4264	52536	6067	54339
1937	5982	128315	8392	130725
1938	5857	90985	—	—
1939	4390	104150	—	—
1940	5250	155700	—	—
1941	4409	11692	—	—
1942	—	11979	—	—

资料来源:1916—1937年根据农林省蚕丝局.蚕丝业要览.1953:318—319;1938—1942年,陆锦标.台湾蚕业.蚕丝杂志,1947(2):17.

注:蚕种输出量为推算数。蚕种生产量＝蚕种生产量＋蚕种进口量－蚕种饲养量。

　　1927年以前台湾所需蚕种大部分由日本进口,少量由台湾本地生产。1927年以后随着日本蚕种经营者在台湾设立分场以及生产经营蚕种规模的扩大,台湾成为日本的蚕种生产基地之一。台湾向日本输出的蚕种量,虽然缺乏系统的统计,但是从台湾蚕种输入量、生产量和饲养量之间的余额,可以看出蚕种的输出量。从表6-7可见,自1929年以后(除1931年外)台湾的蚕种输出量超过输入量,成为日本蚕种余缺调剂的基地。

　　日本把台湾作为糖业、棉业和蚕业生产基地进行开发,以便更多、更方便地掠夺台湾的资源,在台湾总督府的策划下,台湾蚕业生产得到一定的发展。如表6-8所示,台湾的养蚕农户数由1913年的244户,最多增加至1929年的4969户;桑园面积由1912年的2910亩,最多增加至1935年的11596.4亩;饲养蚕种数量由1912年的954张,最多增加至1924年的9754张;蚕茧生产量由1912年的3150千克,最多增加至1926年的92288千克。

表6-8　台湾蚕业生产统计

年 份	蚕农数（户）	桑园面积（亩）	饲养蚕种（张）	生产蚕茧（千克）
1912	—	2910.0	954	3150
1913	244	5310.8	2216	9900
1914	738	5805.5	4991	24525
1915	790	6256.5	6913	23513
1916	1138	9690.3	8002	29213
1917	2741	8890.1	7614	27600
1918	2403	7027.7	6340	31163
1919	2452	4757.9	6526	30450
1920	2143	2298.9	5529	29888
1921	1978	2531.7	4190	29025
1922	2574	2808.2	5564	40650
1923	3136	3142.8	7341	53288
1924	3669	3652.1	9754	78563
1925	4937	3404.7	9569	81975
1926	4824	3564.8	9443	92288
1927	4450	6722.1	7816	74288
1928	3292	6314.7	6948	61163
1929	4969	8060.7	9202	91725
1930	4965	8351.7	8960	87863
1931	2726	8744.6	7138	65138
1932	2365	9224.7	7097	65700
1933	3378	9443.0	9276	74625
1934	3079	9588.5	8785	82538
1935	1843	11596.4	4715	45450
1936	1293	5718.2	4264	45375
1937	1528	4379.6	5982	49688
1938	1415	4044.9	5857	44663
1939	1625	3783.0	4390	38490
1940	1469	3768.5	5250	39695
1941	1257	3550.2	4409	30163

资料来源：根据日本农林省蚕丝局.蚕丝业要览.1953：318—319.

注：桑园面积单位，1甲＝9851.87平方米＝14.78亩。蚕茧按1石＝37.5千克的折算标准计算。

我国台湾蚕业主产地为新竹县、高雄县、花莲县、台北县和台中县。据陆锦标调查,1946 年台湾所饲养蚕种为 4863 张,其中新竹县饲养 1955 张,占 40.2%；高雄县饲养 1760 张,占 36.2%；花莲县饲养 631 张,占 13.0%；台北县饲养 437 张,占 9.0%；台中县饲养 80 张,占 1.6%。

在台湾设立机器缫丝厂前,所生产的蚕茧由台湾总督府收购后主要供应日本本国。1914 年设立台湾蚕丝股份公司,此后台湾所生产的蚕茧由台湾总督府委托收购后,部分转卖给在台湾的制丝厂,部分供应日本本国。台湾蚕丝股份公司名义上是股份公司,实际是由杉森兴吉单独出资 5 万元,购入信州式机器缫丝机 20 釜成立的。该公司的制丝生产规模 1915 年增加至 58 釜,1920 年为 100 釜,1926 年达到 254 釜,受 1929 年 10 月爆发的世界经济大危机影响,该公司于 1932 年关闭。

台湾制丝可分为座缫制丝和机器制丝。机器制丝除 1922—1923 年间新增 1 家机器制丝厂外,就只有前述的由杉森兴吉所开设的台湾蚕丝股份公司 1 家。座缫制丝 1923 年只有 1 家 10 釜规模,1926 年增加至 2 家 20 釜,1927 年达到 28 釜,1937 年为 34 釜,1938 年为 44 釜。台湾生产的生丝数量如表 6-9 所示,1914 年为 1391 千克,最高为 1926 年的 14138 千克。据不完全统计,1912—1937 年的 26 年间,我国台湾地区共向日本输出生丝 54.1 吨。

表 6-9　我国台湾生丝生产统计与茧丝输出量

年　份	缫丝车/釜	生丝生产量/千克	蚕茧输日量/千克	生丝输日量/千克
1912	—	—	1268	1084
1913	—	—	6504	1519
1914	20	1391	188	0
1915	20	1541	0	0
1916	18	1751	0	0
1917	58	1556	0	1076
1918	58	1718	6495	1519
1919	58	1931	188	0
1920	100	2333	0	2250
1921	100	2715	0	2250
1922	150	3195	0	3195
1923	180	4069	8730	4031
1924	185	3863	0	3863
1925	271	13718	750	13718

年　份	缫丝车(釜)	生丝生产量(千克)	蚕茧输日量(千克)	生丝输日量(千克)
1926	274	14138	11250	14138
1927	282	5074	0	4391
1928	282	2970	87	—
1929	282	6510	8588	—
1930	25	—	31111	71
1931	40	—	47118	0
1932	40	330	45891	0
1933	28	671	6375	638
1934	25	499	9713	0
1935	25	158	38888	15
1936	25	578	72263	26
1937	23	776	73200	285
1938	34	791	—	—
1939	23	1024	—	—
1940	44	1369	—	—

资料来源:日本农林省蚕丝局.蚕丝业要览.1953:318—319.

注:单位按日本《蚕丝业要览》中的换算比例,蚕茧 1 石＝37.5 千克;生丝 1 贯＝3.75 千克换算。

第七章 日本对江浙沪沦陷区 蚕丝业统制与资源掠夺

本章着重研究日本对中国蚕丝业主产地江浙沪的入侵和破坏过程、日本对中国蚕丝业统制政策出笼过程以及利用华中蚕丝股份有限公司作为统制和掠夺中国蚕丝业资源的工具，揭露日本对中国江浙沪等主产地的蚕丝业进行统制与资源掠夺的历史事实。

第一节 日本对中国蚕丝主产地的入侵与破坏

1937 年 7 月 7 日，日本帝国主义悍然全面发动了罪恶的侵华战争，我国东南沿海主要蚕丝业产地沪、江、浙、粤、鲁等省市先后沦陷，中国的蚕丝业遭到了空前的浩劫。

1937 年 8 月 13 日，日军大肆进攻上海，淞沪战争爆发。1937 年 11 月 12 日上海沦陷。在日本帝国主义军事进攻下，上海的缫丝厂大部分被破坏或烧毁，受害之惨状就连当时目睹的日本经济特工人员也为之惊讶："此次事变爆发，受害最大的是上海丝厂，事变前这些工厂大多设在闸北，而闸北此次破坏最惨，上海战事进行中，这些丝厂大多被烧毁破坏得连踪影都不见了，随着战争的进展，地方制丝地带也没有一处能免于战火的洗礼,各地都受到若干破坏,……其中纵使有不曾直接受到战火而侥幸免于被烧毁破坏的工厂,在日军进攻之下,也不得不统统闭歇下来。"[1]"上海丝厂多在闸北方面,事变中受害最重,烧毁工厂四十三处,残存仅七厂而已……"[2]

1937年10月6日,无锡遭到日机的狂轰滥炸,11月23日无锡沦陷。日寇大肆烧杀抢掠,丝厂受损尤其严重:"……无锡方面丝厂被害亦多,四十一厂中,残存者仅十四厂……"[3]据统计,在战火中,全部被烧毁的丝厂7家,丝车2434台;厂房大部分被损毁的丝厂14家,丝车4500台;破坏较轻的丝厂仅12家,丝车3280台。[4]

浙江的蚕丝业主要集中在杭嘉湖地区,1937年11月,日寇在杭州湾偷渡登陆,1937年12月21日杭州沦陷。在日军炮火的轰击下,极其兴盛的江浙蚕丝业或被破坏,或被烧毁,或停业,损失非常严重。有资料记载:"浙西地方……从1937年暮秋,攻夺南京的部队在杭州湾奇袭登陆以后,便遭兵火之厄,被破坏和被烧光了的工厂很多,即使是未受损害的工厂,也由于治安不良,不能不统统陷于停工。"[5]

据不完全统计,1936年江浙沪地区有缫丝厂139家,缫丝机35932釜(见表7-1)。在日军铁蹄的践踏下,江浙沦陷区被毁桑园200万亩;受害蚕农约260万户;30%以上的蚕种场和60%以上的缫丝厂被焚毁或破坏[6],中国的蚕丝业遭受了毁灭性的打击(见表7-2)。

如江苏省吴江县平望制丝厂,投产于1937年6月初,有60釜缫丝规模,规模不大,但设备精良,属于江苏省内的模范工厂。开工不足半年就成为战火的牺牲品。1937年9月上旬,日机初次轰炸苏州一带,就被炸毁煮茧车间,以后多次受到空袭,被迫关闭。平望失陷后,厂房被毁,缫丝机等为日寇拆走。震泽(丰)制丝厂是有416釜缫丝机、近千工人的大厂,位于震泽镇东头,1937年11月17日日军向西侵犯,震泽缫丝厂首遭攻击,留守丝厂的警卫人员被枪击致死,厂房设备俱被焚毁,仅存茧库和烟囱。江苏省农民银行震泽、严墓两地农业仓库所存的抵押生丝277600两悉被焚毁。

①　今井长二郎.中支那制丝业概况.1940:6—7.

②③　中国科学院经济研究所藏日本档案.江浙制丝厂被害状况调查书.1938.转引自周匡明.中国近代蚕业史概论.中国纺织科技史资料(第14集),1982:81.

④　王庄穆.民国丝绸史.北京:中国纺织出版社,1995:335.

⑤　本位田祥男.东亚的蚕丝业.东亚经济研究(第三册),1943:426.

⑥　徐新吾.中国近代缫丝工业史.上海:人民出版社,1990:362.

表 7-1　1936 年江浙沪缫丝厂分布情况

地　区		工厂数/家	缫丝机数/釜
合　计		139	35932
上海市	小计	49	11094
江苏省	小计	58	17030
	无锡	51	15832
	苏州	3	630
	吴江	4	568
浙江省	小计	32	7808
	湖州	5	1248
	德清	5	978
	嘉兴	4	1134
	海宁	4	814
	海盐	2	508
	桐乡	1	120
	杭州	9	2254
	萧山	2	752

资料来源:渡边辖二.华中蚕丝股份有限公司沿革史.华中蚕丝公司,1944 年初版;东京:湘南堂书店,1993 年再版:221.

注:原资料中将吴江计入浙江省,现重新计入江苏省。

表 7-2　日本破坏江浙沪缫丝厂统计

类别		总计	全毁	部分毁坏	安全	不详
总计	厂数/家	93	54	1	37	1
	缫丝机数/釜	26310	15266	492	10336	216
	年产量/吨	3580	2107	50	1483	30
上海	厂数/家	40	33		7	
	缫丝机数/釜	9670	7750		1920	
	年产量/吨	1185	932		253	
浙江	厂数/家	22	4		17	1
	缫丝机数/釜	5550	1014		4320	216
	年产量/吨	806	165		611	30
江苏	厂数/家	31	17	1	13	
	缫丝机数/釜	11086	6502	492	4029	
	年产量/吨	1592	922	50	620	

资料来源:中国科学经济研究所藏日本档案.江苏制丝工厂被害情况调查书.1938.转引自王庄穆.民国丝绸史.北京:中国纺织出版社,1995:335.

在日寇的"扫荡"和"清乡"等军事行动中,为保持通视,将江苏省平望镇至浙江省南浔镇公路两侧的成片桑树砍光。① 浙江省杭嘉湖一带铁路、公路沿线的桑树也悉数被砍伐,绝大多数蚕种场被毁。

1937年初,杭州丝绸业曾以价值200万元之巨的绸缎,抵押给"四行"(中央银行、中国银行、交通银行和农民银行)"贴放会",沦陷前来不及撤走,而被日军抢劫一空。杭州不少缫丝厂遭抢后被付之一炬,杭州缫丝厂的240台立缫车和煮茧机、烘茧机、锅炉等设备被拆卸运走;余杭塘栖镇的大纶缫丝厂468台缫丝机等设备被抢劫一空;祥纶缫丝厂的360台缫丝机全被拆散变卖;有208台缫丝机的华纶缫丝厂被劫后遭焚毁。崇裕缫丝厂被汪伪36师占作营房。位于杭州市内的纬成、庆成、天章和美亚杭州分厂等丝织厂及杭州绸业市场,均被日军强占,或作营房,或作马厩,机械设备损坏严重。② 杭州在1937年沦陷前夕,有丝织机6179台(其中电力织机4355台,手工织机1824台),到1943年仅有丝织机2198台(其中电力织机1468台,手工织机730台),只有战前的35.6%。③另据表7-3统计,1936年杭州市有机户4141户,丝织机14700台,丝绸年产量为120.54万匹,至1939年分别减少至1161户、3678台和34.37万匹,抗日战争结束时的1945年杭州市仅有机户2299户,丝织机5580台,丝绸年产量仅为48.36万匹,丝织机和绸缎生产量分别为1936年的37.4%和40.1%。

表7-3 抗战前后杭州市丝织业生产规模的变迁

项 目	1931年	1936年	1939年	1945年
机户数/户	3162	4141	1161	2299
工人数/人	21800	36515	15906	21440
织机数/台	9500	14700	3678	5580
绸产量/万匹	95.00	120.54	34.37	48.36

资料来源:杭州丝绸控股(集团)公司.杭州丝绸志.杭州:浙江科学技术出版社,1999:76.

不仅江浙蚕区,其他蚕区也受到日本帝国主义侵华战火的摧残与破坏。战前广东省开工丝厂约有60家,3万余部丝车,年产2万公担生丝。1938年10月,日军侵占广州后,广东各地丝厂先后被迫停工。日军部即与

---

① 周德华.抗日战争时期的吴江丝绸业.江苏丝绸史料,1994(17):22—23.
②③ 杭州丝绸控股(集团)公司.杭州丝绸志.杭州:浙江科学技术出版社,1999:74、75.

台北帝国大学合作调查广东省蚕丝产销情况,并着手统制蚕种及丝茧,以"军票"①收购存丝,运到台湾地区、日本后再转输至欧美各国,谋取贸易利润。日军部首先颁发命令禁止丝茧运销出口,再通过日商三井、三菱、加藤等洋行在广州收购存丝,每担仅付给军票800元。当时,中山、石歧、顺德、容奇等地丝商暗中与伪军警串通,如将丝抢运经澳门转售香港,平均每担售价可得法币1800元。1939年在国外市场丝价高企的背景下,日军用焚厂相威胁,强迫丝厂限期复工,1939年广东各地有43家丝厂,1940年有61家丝厂,2万余部丝车在残酷逼迫下开工。日商则仍以每担军票800元限价收购生丝。1940年起日商更将生丝收购价压低为每担军票700元。据《支那蚕丝业研究》记载,自1939年5月1日至1940年4月30日止,广东生丝由4家日商洋行输出共计10800件。②1941年每担生丝的收购价再降为军票600元。据海关关册统计,这一年自广州口岸又被掠夺出口2930公担。而这时香港的丝价每担折合法币已达8000元。

太平洋战争爆发后,日军占领香港,生丝外销停顿。广东各地丝厂自1942年后也陆续停工,所以蚕茧只能缫制土丝,蚕农迫于生计,大多把桑田改植甘蔗,弃丝业糖。据贸易委员会估计,抗战期间广东生丝平均年产量仅约6千余公担。另据1937年统计,顺德及附近各县有24万余养蚕户,73万余市亩桑地,共产鲜茧74万余市担,制种场50余户,制种40万张,丝厂90家,产丝2万余公担。经过八年战乱,桑田荒芜,丝厂毁损。据广东省农林处1946年冬的统计,桑田仅31.7万市亩,产茧31.7万市担,可产丝1万公担,都不及战前的50%。蚕户残存的不过15.5万户,制种场残存者10户,丝厂虽尚有40余家,但能开工者仅10余家,广东的蚕丝业处于瘫痪状态。③

这一时期,山东省的蚕丝业也同样遭受浩劫。1937年日本发动全面侵华战争,在日军铁蹄践踏之下,山东各地蚕桑改良机构悉遭破坏。当年12月,日军占领益都和临朐,当地蚕业试验场和蚕种制造所的桑田、房屋和制种设施几乎全部被毁。蚕农砍桑改植黄烟,丝厂停工关厂。其他沦陷区的蚕丝业也都逃不出这一厄运。

---

① 日本占领军在中国沦陷区发行的"军票",实际上并无银行保证金准备,是一种强制性的资源掠夺。

② 伊藤斌. 支那蚕丝业研究. 大阪屋号书店,1943:268.

③ 陈真编. 中国近代工业史资料(第四辑). 北京:三联书店,1961:194.

随着日本侵华战争的推进,日本侵略者改变了战争初期"速战速决"的方针政策,开始采用"以战养战"的新经济政策。1938年起日本侵略者调整沦陷区掠夺方式,由赤裸裸的军事掠夺向较具隐蔽性的"中日合办"的形式转变,在蚕丝业上,日本当局勾结汪伪政府在沦陷区建立所谓"中日合办"的国策公司,如"中支蚕丝组合"、"满洲柞蚕株式会社"、"华中蚕丝股份有限公司"等,利用日华合作的幌子对中国的蚕丝业实施统制和资源掠夺。

第二节　日本对中国蚕丝业统制政策的出笼

蚕丝业在近代中国和日本的经济发展及对外贸易中具有十分重要地位,近代中日两国的蚕丝业都是依赖出口的外向型产业,在世界生丝市场上互为竞争对手,这在本论文的第二章和第三章已有详细介绍。日本朝野,尤其是日本蚕丝业界对此早有认识,充分表现了日本蚕丝业界高层领导对中国蚕丝业的戒备心态。

横滨同伸公司的高木三郎在甲午战争后赴美国考察生丝市场回国后指出:"我(日本)国生丝的劲敌不是别人,而是世界第一大生丝生产国——清国生丝的改良……"[1]早在1922年日本蚕丝会评议员大岛正义发表的《对支那蚕业政策之我见》[2]一文中,就提到设立"日中合办蚕业公司",充分体现对中国蚕丝业进行统制的野心。他提到"不能忘记将来我国(日本)蚕业的劲敌在于中国","美国人在上海设立绢业协会,采用各种手段帮助中国蚕业的发展,这些都是刺激我心、引起不安的材料;在(日本)垄断蚕业的时代尚且如此,试想将来一定会更加寒心。"为此,他建议的第一策是在中国设立"日中合办蚕业公司",该公司的资本金在1亿日元以上,采用股份制形式,公司组织大体按照日本商法,日中各占一半股份,本部设在上海,在其他主产地设立支店,公司董事日中各半,日本人为正,中国人为副,专务及各级经理为日本人,中日间签订生丝价格协议,中国以生丝出口为目的的制丝厂均隶属该公司,多数技术员采用日本人,由技术员对各厂(场)

---

① 本多岩次郎.日本蚕丝业史(第1卷).东京:明文堂,1935:234.

② 大岛正义.支那に对する蚕业政策の私见.大日本蚕丝会报(第360号),1922:18—23.

进行监督,生丝的买卖由该公司统一经营,茧行均与公司联系……设立最高原蚕种制造所,以日本人作为技术员……在蚕种制造者和养蚕者中设立组合,进行蚕种和生丝检验。第二策是在第一策难以实行的前提下,同样采用日中合资设立公司,联络制丝厂和金融部门共同承担生丝的买卖,与日本签订生丝价格协议,以稳定生丝价格为主要目的。第三策是劝诱中国政府颁布法令,设立蚕业组合,与日本蚕丝业中央会签订协议,建立生丝品位标准,经常协商生丝价格,以避免对对方市场的冲击。

日本认为"蚕丝业无论对于日本,还是对于中国尤其是华中地区,其不仅在农家经济上、政府的财政上,而且在国际贸易平衡上都是极为重要的产业"。①"日本和中国是世界两大蚕丝生产国,(两国的)生丝产量占世界总产量的九成余,新的东亚共同体可以掌握世界生丝生产的霸权"。② 但是,"蒋介石政权把蚕丝业作为抗日的工具,只图中国蚕丝业的发展,根本没有中日合作共同掌握世界蚕丝供给霸权的长远意图"。③"七七卢沟桥事变前,中国的蚕茧生产量约为 200 万担(约 12 万吨),生丝生产量约 15 万担(约 9000 吨),其中约 42%(约 3840 吨)向美国、法国、英国、印度等国出口,与日本生丝竞争主要在美国。在美国市场,中国生丝的消费量只不过 2 万俵(约 1200 吨),数量上并不是问题,但他的出口经常捣乱日本的生丝市场,成为(日本)丝价急跌的直接原因"。④

如前节所述,1937 年 7 月 7 日"七七卢沟桥事变"后,日本侵略军大举侵犯,蚕丝生产量约占全国 60%以上的浙江、江苏和上海等华东地区(当时日本把华东地区称为华中地区,日文名:中支那)相继被日本侵略军占领。"由于战火,上海包括无锡及其他地方的制丝厂相继损坏,茧行、蚕种场也是如此,蚕茧产地的农村受到的损害也不少"。⑤因此,"中国蚕丝主产地的华中蚕丝业从宣抚工作上必须从速复兴,但是如果是自然的无统制的复兴,恐怕会引起和日本蚕丝业的竞争摩擦,进而违反'共存共荣'的大理想。为此,无论如何要设立特种机构,从事中日蚕丝业的调整,以期两国蚕丝业的健全发展,以努力达成本次圣战的目的"。⑥基于以上目的,一方面,在任职农林省时就对中国蚕丝业问题十分关注,时任日本产业组合中央金库理事长的石黑忠笃于 1937 年 12 月 17 日召集由日本农业政策方面的权威组

---

①③④⑤　渡边辖二.华中蚕丝股份有限公司沿革史.华中蚕丝公司,1944 年 9 月初版,东京:湘南堂书店,1993 年再版:2—3.

②⑥　日本中央蚕丝会.日支蚕丝业の调整と华中蚕丝株式会社.1939:1—2.

成的农林研究会,对中国蚕丝业进行了讨论,并于12月23日在农林省召开的日本中央农村对策委员会特别会议上要求特别发言,阐述其对中国蚕丝业进行的调查以及制定长远对策的意见①;另一方面,日本中央蚕丝会于1937年12月21日在东京召开的第十次总会上,就中日蚕丝业的调整进行了讨论,12月23日作为日本中央蚕丝会第十次总会决议,以日本中央蚕丝会长松平赖寿名义向日本内阁总理、农林、大藏、商工、陆军、海军各大臣提交了"支那蚕丝业调查に关する建议"。② 该建议的主要内容是:中国蚕丝业历史悠久,产地广阔,土地肥沃,劳动力廉价,经验丰富,这是日本蚕丝业所恐惧之处。事变后随着治安的恢复,蚕丝业必然再兴,对日本蚕丝业的影响十分巨大。因此,建议政府为日本蚕丝业的将来计,尽早对中国蚕丝业进行调查,以资研究对策所需。

为了了解中国蚕丝业发展状况,1937年12月日本政府任命日本农林省蚕丝局技师田中直义和东京高等蚕丝学校教授农学博士木暮槙太为调查员,于1938年1月17日到中国进行实地考察。1938年2月12日日本中央蚕丝会时局对策委员会任命13位委员,同年2月22日召开第一次委员会以"支那蚕丝业对策"为议题进行了研究,听取了对占领地的中国蚕丝业进行现地调查后回国的农林省蚕丝局技师田中直义的汇报,又召开了二次会议,于1938年3月24日形成"支那蚕丝业对策ニ付建议",同年4月1日经日本中央蚕丝会常务理事会和理事会讨论通过后,提交给日本内阁总理、外务、陆海军、农林、商工、商工各大臣及企划院总裁。

日本中央蚕丝会提交的"支那蚕丝业对策ニ付建议"的要点为:

(1)对于中日蚕丝业的调整,日本全国所有蚕丝业相关者要团结一致。

(2)根据当地形势,迅速组建公司比较困难,暂时组建组合,以当此任。

(3)在出资等关系方面,组合暂时由制丝业、生丝批发业、生丝出口业者中的有关者组织出资,其他关系者在长久对策实施时,加入该组织。

(4)日本中央蚕丝会与农林当局协商后,制作组合规约及其他必要事项的具体方案。

1938年4月7日日本中央蚕丝会与农林当局协商后,完成了"对中国

---

① 渡边辖二.华中蚕丝股份有限公司沿革史.华中蚕丝公司,1944年9月初版,东京:湘南堂书店,1993年再版.

② 日本中央蚕丝会.日支蚕丝业の调整と华中蚕丝株式会社.1939:5;永濑顺弘.1930年代における中国蚕丝业の动向.樱美林大学经济学部,1978:154.

蚕丝的辛迪加规约案"。同年 4 月日本在华的海陆军特务部、总领事馆和农林省的三省联络会议,根据日本中央蚕丝会的"支那蚕丝业对策二付建议",制定"中支那蚕丝业卜日本卜ノ调整要领"。主要内容为:华中地区蚕茧生产量近期以事变前的生产量为目标,恢复机械制丝 1000 釜(台)左右,选择与日本不同的蚕品种,生产与日本不同目的的纤度和等级的生丝,在(伪)维新政府内设立出口生丝检查机构对出口蚕丝类实行统制检查。

根据当时形势,日本帝国主义者知道暂时不把占领区的我国蚕丝业全部毁光,是有利于日军侵华战争进行的,是符合日本"以战养战"的既定侵略政策的。于是,策划由日本蚕丝界出面,打出"日华合作"的旗号,第一步设立"组合'(合作社),第二步组织"公司",利用我国的人力、物力进行经济侵略。① 为了控制中国蚕丝业,作为临时机构,日本帝国主义者先设立"中支蚕丝组合"(1938 年 4 月 21 日至 1939 年 3 月)。此后,成立"华中蚕丝股份有限公司"(1938 年 8 月 10 日至 1943 年 11 月 5 日);再组建"中华蚕丝股份有限公司"(1944 年 5 月 3 日至 1945 年 9 月 14 日)。

在上述日本主导、汪伪政府配合设立的对中国蚕丝业实行统制的机构中,以中华蚕丝股份有限公司存续时间最长、影响最大。日本京都大学经济学教授堀江英一(1943 年)在《支那蚕丝业の调整政策》一文中坦率承认:"华中蚕丝株式会社系以全中国蚕丝业的全面营运统制为使命。"随着华中蚕丝股份有限公司的成立,日本对中国蚕丝业的统制政策逐步明确,并通过颁布蚕丝统制要领,具体指导蚕丝统制的实施。

日本帝国主义者为了便于华中蚕丝公司对我国蚕种、蚕茧、生丝的统制,使华中蚕丝公司强占我种场、茧行、丝厂"合法化",早在伪维新政府实业部次长王子惠东渡日本时,即授意同日本农林省订立出卖我国华中丝茧业的协定。协定的内容大致是:

(1)华中丝茧之缫制与分配由华中蚕丝公司管理。

(2)选择特种丝茧专供华北及日本之用。

(3)日本丝厂专门缫制 20/22 及 13/15 之较优等丝而中国丝厂专制粗劣丝。

(4)设法提高生丝产量供日方应用。

(5)生丝出口均由华中蚕丝公司管理。

(6)山东丝茧亦与上项办法同样办理。②

---

①② 徐新吾.中国近代缫丝工业史.上海:上海人民出版社,1990:369、372.

1938 年 9 月在日本侵略军的授意下,伪维新政府颁布《维新政府实业部丝茧事业临时办法》(附录 4),采用许可证(执照)制度对蚕丝业实行统制,并将蚕丝业的统制权委托给华中蚕丝股份有限公司。《维新政府实业部丝茧事业临时办法》就成为华中蚕丝股份有限公司统制中国蚕丝业的所谓法律依据。

1938 年 10 月 11 日,日本侵华机构三部门(陆海军特务部、总领事馆、农林省)联络会议决定的"华中蚕丝株式会社事业经营方针"中规定,公司的经营方针及重要业务,必须贯彻中国当局(伪维新政府)以及日本政府的指导精神,但实质上是完全由日方操纵。[①] 1939 年 6 月 13 日,日本又以内阁直辖的殖民侵略机构——兴亚院华中联络部的名义发布了《蚕丝事业统制に关する指导要领の件》(即《蚕丝事业统制指导要领》)[②],具体对蚕茧生产、流通、蚕种、生丝的统制作了指导,并对每一具体程序都作了图例解释,甚至具体到每一位蚕农、每一个合作社员及家庭缫丝厂。汪伪政府在 1939 年 6 月又将实业部在江、浙、皖三省的蚕丝管理权全盘交给了华中蚕丝股份有限公司。1940 年 9 月,伪维新政府又赋予华中蚕丝公司蚕种制造业、茧行业、机器制造业的独占权。1940 年 12 月日本兴亚院总裁对兴亚院技术委员会会长就"日支蚕丝业ノ调整方策ニ关スル件"进行咨询,兴亚院技术委员会组织了以日本农林省蚕丝试验场长平琢英吉为会长,农林省农政局长岸良一、陆军制绒厂工务科长川村荣、华中蚕丝股份有限公司常务理事田中直义、东洋纺织工业股份有限公司青木常、永井治良为委员,兴亚院技师和田保、兴亚院农林技师八木一郎为秘书的专门委员会,参考兴亚院于 1939—1940 年的调查资料——《重要国防资源生丝调查》,并通过近 3 个月的现场调查、召集座谈会等形式和 8 次会议讨论,提出了"日支蚕丝业ノ调整方策",于 1941 年 4 月 18 日印发给日本的各联络部及日本国内有关机构以求协助执行。在"日支蚕丝业ノ调整方策"[③]中要求:

(1)蚕品种:选择适合中国的但与日本不同的蚕品种。具体建议与日本蚕品种没有冲突的诸桂、洽桂、华五、华六、和华七等 5 个品种,加上事变后作为宣抚目的从日本引进供给占领地蚕农的华蚕 1 号和华蚕 101 号改名

---

　　① 江苏省丝绸协会.江苏丝绸史料(20),1996:4.

　　② 陈慈玉.近代中国的机械缫丝工业(1860—1945).中央研究院近代史研究所专刊(58):4.

　　③ 兴亚院.日支蚕丝业调整方策.1941:30—38.

为平和、安泰等2个品种,计7个品种。今后的蚕品种改良也围绕上述7个蚕品种。

(2)出口生丝:选择与日本生丝没有竞争的纤度与品牌,出口数量和价格采取两国政府协作统制的措施。中国出口的机械生丝选择纤度为21中旦尼尔的D级或E级生丝,日本出口生丝选择优等丝。

(3)地用生丝:从中日蚕丝业调整角度,以内需为重点,开拓茧纤维的新用途,扩大丝绸内需和面向华侨的丝绸商品生产。

(4)桑园:转换为米、麦等粮食作物及棉、麻等纤维作物的栽培。

(5)技术:对中国的蚕丝有关的技术协作以地用生丝和茧纤维的内需扩大以及特产土丝的增加利用为中心进行。

此外,基于中日蚕丝业的竞争主要在于生丝出口,而当时的汇率等有利于中国生丝的出口,因此建议出口生丝的调整除技术方面外,还应采取其他的相应对策;同时考虑到中日蚕丝业调整的措施十分微妙,建议取缔有关言论和出版物。

如上所述,日本对中国蚕丝业的统制是基于日本蚕丝业的发展,削弱中国生丝的竞争,便于占领地的统治和掠夺中国蚕丝业资源,达到"以战养战"的目的而实施的。对中国蚕丝业的统制政策是日本对中国侵略政策的一部分。

第三节　日本对华蚕丝业统制政策的执行机构

一、中支蚕丝组合

在"中国蚕丝业对策"的指导下,1938年4月21日设立了"中支蚕丝组合"。参与组合投资的日本公司共有6家制丝公司、2家生丝批发商、6家生丝出口商,总计14家,它们分别是片仓、郡是、钟纺、昭荣、日华蚕丝、三井物产、三菱商事、旭シルク、原合名、神荣、上甲信弘、神户生丝、若林、日本棉花。片仓制丝(理事长为今井五介)作为理事单位,总资本金为300万日元。[①] 其股份构成如表7-4所示。

---

① 农林大臣官房总务课.农林行政史(第三卷).东京:(财)农林协会,1959:1274.

表 7-4　中支蚕丝组合投资者一览

投资者	投资额/日元	比例/%
片仓制丝股份公司	1050000	35.0
郡是制丝股份公司	600000	20.0
钟渊纺织股份公司	500000	16.7
上甲信弘	150000	5.00
神荣生丝股份公司	137500	4.58
日华蚕丝股份公司	100000	3.33
三井物产股份公司	75000	2.50
三菱商事股份公司	75000	2.50
昭荣制丝股份公司	75000	2.50
神户生丝股份公司	75000	2.50
若林制丝纺织股份公司	50000	1.67
原合名会社股份公司	37500	1.25
日本绵花股份公司	37500	1.25
旭丝绸股份公司	37500	1.25
合　　计	3000000	100.0

资料来源：渡边辖二.华中蚕丝股份有限公司沿革史.华中蚕丝公司，1944 年 9 月初版，东京：湘南堂书店，1993 年再版：18.

　　"中支蚕丝组合"是以掠夺我国的蚕丝资源为目的的一个临时性的蚕丝业组织，由片仓的代表今井五介担任董事长。它的事务所设在上海（设立当初事务所位于崇明路新上海宾馆内，1938 年 7 月 31 日移至九江路三井银行大楼 3 楼），并在东京蚕丝会馆设立分所。在《中支蚕丝组合规约》中规定了中支蚕丝组合的任务，是："①产茧及其他蚕丝类的买卖处理；②经营制丝过程；③制造并配给蚕种；④有关蚕丝类新用途业务；⑤其他为达到本组合目的所必要的业务。"

　　根据所谓的"组合"章程第 7 条的规定，"本组合之事业以委托组合员（合作社社员）经营为原则……"遂由片仓制丝股份公司、郡是制丝股份公司和钟渊纺织股份公司等三个公司派出代表以"日华蚕丝公司"名义具体执行经济侵略政策。由常务董事片仓公司的代表铃木格三郎担任事务总长（总经理），蚕丝局农林技师田中直义担任顾问；并由投资企业派遣职员在华经营蚕茧、蚕丝买卖，蚕种制造、配给和有关丝茧新用途的加工业等业务。

"日华蚕丝公司"出面将无锡、苏州、杭州等地残存的 10 家丝厂、2688 部丝车分别组成"惠民蚕丝公司"、"第二惠民蚕丝公司"和"华福公司"等机构。这些机构实际上都隶属于"中支蚕丝组合"管理。"中支蚕丝组合"在侵占了这些丝厂后,陆续于 1938 年 6 月至 8 月开工,所用原料,部分是掠夺而来的陈茧,部分是用暴力廉价收购的春茧。①

二、华中蚕丝股份有限公司

为进一步加强对中国蚕丝业的统制经营,1938 年 8 月 10 日,作为日本傀儡政权——汪精卫伪政府的法人团体,在日方的操纵下,在上海成立了华中蚕丝股份有限公司(日本名:华中蚕丝株式会社)。参加成立大会的有伪维新政府实业部部长王子惠,侵略军陆海军特务部长、领事以及幕后策划的日本蚕丝局农林技师田中直义等。华中蚕丝股份有限公司成立初期的总资本金为 800 万日元,其中日本占 75%,即 600 万日元,实际到位 300 万日元,通过日本中央蚕丝会分配给日本的各全国蚕丝团体。中方以 200 万日元现物(统制下的江浙地区的丝厂,包括已复工和日后将复工的共 18 厂,6028 部丝车)作价投入。于是,"中支蚕丝组合"并入华中蚕丝股份有限公司。华中蚕丝股份有限公司的章程见附录 7。

1938 年 11 月 7 日日本为控制中国的经济,成立了"华中振兴股份有限公司"(日文名:中支那振兴株式会社),华中振兴股份有限公司是日本为了开发占领地而由官民共同投资的企业,具有"国策机关"的性质。于是在 1939 年 4 月,华中蚕丝股份有限公司增资 200 万元,总资本增加到 1000 万日元,中国方增加 13 厂的现物作价 100 万日元,日本方也增加 100 万日元②,日本方增资部分由中支那振兴株式有限公司出资,华中蚕丝股份有限公司成为中华中振兴股份有限公司的支公司。③ 日方的投资者包括中支那振兴株式会社、养蚕业者、蚕种业者、制丝业者、产业组合制丝、生丝输出者、生丝批发商业者和其他有关业主(见表 7-5)。可以说该组合集合了日

---

① 渡边辑二.华中蚕丝股份有限公司沿革史.华中蚕丝公司,1944 年 9 月初版,东京:湘南堂书店,1993 年再版:23—24.

② 王庄穆.民国丝绸史.北京:中国纺织出版社,1995:338.

③ 农林大臣官房总务课.农林行政史(第三卷).东京:农林协会,昭和 34 年:1274.

本与蚕丝业有关的各层企业,其中以大制丝企业和生丝输出企业的资金投入较多,比如中支那振兴会社资金占20％,制丝业者占28.7％。

表 7-5　华中蚕丝股份有限公司投资者一览

投资者种类	投资者数目	股份(株)数	比率(％)
中支那振兴株式会社	1	40000	20.0
养蚕业者	19	19053	9.5
蚕种业者	34	3580	1.8
制丝业者	17	57513	28.7
产业组合制丝	6	1144	0.6
生丝输出者	6	6750	3.4
生丝批发商业者	6	3200	1.6
其　他	77	8760	4.4
日本方现金出资小计	166	140000	70.0
中国方实物折资		60000	30.0
合　计		200000	100.00

备注:1 股(株)＝50 日元。

资料来源:兴亚院华中联络部.生丝调查报告.转引自永濑顺弘.20 世纪 30 年代における中国蚕丝业の动向.樱美林大学经济学部,1978;158—159.

华中蚕丝股份有限公司在上海设总公司(见附录 10),在东京蚕丝会馆设分公司,其机构设置经历了两次变革,先后在苏州、无锡、南京、嘉兴和杭州等地设立支店(分公司),下一级为出张所(办事处),分支机构共 44 处,伸入上海(除租界外)和江、浙、鄂等省的 30 个县市,直接控制开工的种场和冷藏库 14 处,丝厂 221 家,丝车 6974 台(釜),绢纺织厂 6 家。[1]

华中蚕丝股份有限公司根据日本政府的中日蚕丝业调整要求,为了与日本以生产 14 旦尼尔的高级生丝为中心区别,在沦陷区采用与日本不同的蚕品种,以生产黄白 21 旦尼尔生丝为目标开展活动。[2]

三、中华蚕丝股份有限公司

1941 年 12 月太平洋战争爆发后,生丝在欧美市场上断了销路,华中蚕丝股份有限公司所属各厂被迫减产或停工。1943 年 11 月 5 日,华中蚕丝

---

[1]　江苏省丝绸协会编:《江苏丝绸史料》(20),1996:7—10;《上海丝绸志》编委会:《上海丝绸志》,上海:上海社会科学院出版社,1998;204.

[2]　农林大臣官房总务课.农林行政史(第三卷).东京:农林协会,昭和 34 年:1276.

股份有限公司宣告解散。

根据日本对华的新政策,在华中蚕丝股份有限公司解散后的第二年,即 1944 年 5 月 3 日重新成立了华中振兴股份有限公司的分公司——中华蚕丝股份有限公司。该公司的总部设在上海市北京路 2 号蚕丝大楼内 4 楼。总资本为 6000 万元,总股份为 20 万股,每股面额为 300 元。中日双方各出资 50 %(见表 7-6)。

表 7-6　中华蚕丝股份有限公司股份结构

国别	出　资　方		股　份　数
日本	中支那振兴股份公司	总裁高岛菊次郎	27750
	日本蚕丝统制股份公司	社长今井五介	19780
	片仓工业股份公司	社长片仓兼太郎	13700
	郡是工业股份公司	社长波多野林一	7500
	钟渊工业股份公司	社长津田信吾	6790
	日华兴业股份公司	社长片仓武雄	5120
	帝国蚕丝仓库	社长芳贺权四郎	2550
	三井物产	代表伊藤与三郎	1020
	三菱商事	社长田中完三	1020
	昭荣制丝	常务小口竹重	1000
	神户制丝	社长胜山胜司	1000
	山梨县农业会	理事长茂手木三良兵卫	880
	波多野林一		680
	若林产业纺织	社长若林乙吉	680
	山形县中华蚕丝出资组合	组合长高桥熊次郎	610
	原合名会社	副社长原长三郎	510
	日绵实业	社长潮时喜八郎	510
	旭产业	社长小田万藏	510
	其他团体与个人		8390
	小　计		100000
中国	(汪伪)国民政府实业部		99840
	许逊公		100
	曾锡錞		10
	其　他	职员 4 人	50
	小　计		100000
	合　计		200000

资料来源:池田宪司.中华蚕丝公司设立と消灭の经纬.1993;5.

中华蚕丝股份有限公司在南京、无锡、苏州、嘉兴和杭州设有支店。[1]
该公司经营内容为：

(1)短纤维的制造与贩卖。

(2)丝织物和丝编物的制造、贩卖及茧丝类的加工。

(3)生丝制造。

(4)蚕丝类的收购、贩卖及出口。

(5)蚕种制造、进口及贩卖。

(6)以上的附带业务及投资。

中华蚕丝股份有限公司随着日本的无条件投降于1945年9月14日关闭，历时1年4个月。

第四节　日本对沦陷区蚕丝业的统制

华中蚕丝股份有限公司，继承并强化"中支蚕丝组合"的事业，打着"中日合作"的旗号，根据1938年4月日本侵华机构的当地三省连络会议关于《华中蚕丝业和日本的调整要领》的决定，采用"华中蚕茧生产以事变前的生产量为目标，机械制丝恢复至一万釜左右，选择与日本不同的蚕种，生产与日本不同纤度和品牌的生丝，在'维新政府'内设立生丝检验机构，对出口生丝实行检验统制"的方针，"在当地的日本侵华机构和汪伪政府的指导监督下，以公益优先、国策遂行为念，从事公司经营"[2]，对中国蚕丝业实行统制。

一、对蚕种生产流通的统制

构成生丝品质基础的茧丝纤度、解舒和净度等指标除与饲养方法、蚕茧烘干技术有一定关系外，主要取决于所饲养的蚕品种。华中蚕丝股份有限公司根据1938年4月日本在华的海陆军特务部、总领事馆和农林省的三省联络会议制定的"中支那蚕丝业卜日本卜ノ调整要领"中规定的"选择与日本不同的蚕品种，生产与日本不同目的的纤度和等级的生丝"的指示，在

---

① 池田宪司.中华蚕丝公司设立与消灭的经纬.1993:7.

② 渡边辉二.华中蚕丝股份有限公司沿革史.华中蚕丝公司,1944年9月初版,东京:湘南堂书店,1993年再版:5.

其《蚕丝事业统制に关する指导要领の件》中强调:"华中方面需要配给的蚕种,均由华中蚕丝公司统制供应。"①因此,华中蚕丝公司收买现存的蚕种制造业者制造的蚕种,并委托蚕种制造业者从事制造,以便统制蚕种的数量、价格及配给。华中蚕丝股份有限公司对蚕种的控制流程图如图7-1所示。

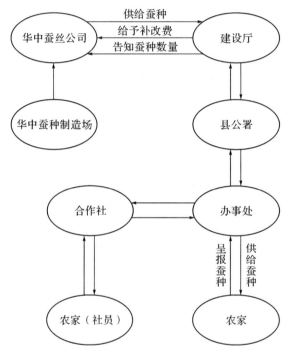

图 7-1　日本对江浙沪沦陷区的蚕种统制图

资料来源:渡边辖二.华中蚕丝股份有限公司沿革史.华中蚕丝公司,1944 年 9 月初版,东京:湘南堂书店,1993 年再版:89.

从图 7-1 可见,江浙沪沦陷区的蚕种配给由华中蚕丝股份有限公司一手统制并通过"建设厅"配发。蚕农将需要的蚕种数量报蚕种办事处(加入合作社的蚕农由合作社统一上报蚕种办事处),各县公署汇总各办事处数目后报建设厅,由建设厅通知华中蚕丝股份有限公司蚕种所需数量并给予蚕种补给费。而华中蚕丝股份有限公司通过直营、委托制造及收购的办法

———————

①　渡边辖二.华中蚕丝股份有限公司沿革史.华中蚕丝公司,1944 年 9 月初版,东京:湘南堂书店,1993 年再版:87.

从蚕种制造场获得蚕种,并根据所需数目通过建设厅、县公署、蚕种办事处、合作社将蚕种发放给蚕农(或由蚕种办事处直接配发给蚕农)。

华中蚕丝公司以向(汪伪)政府冒名登记领得营业执照的方法,垄断了浙江省具有 121.2 万张制造能力的 43 个蚕种制造场和江苏省具有 216.3 万张制造能力的 95 个蚕种制造场的营业执照[①],并以收购这些种场制造的蚕种或委托制造的方式,借以统制蚕种,达到控制所生产蚕茧的品质,避免与日本蚕丝竞争的目的。

二、对蚕茧生产流通的统制

《蚕丝事业统制に关する指导要领の件》中关于产茧的统制中强调:"华中方面需所产蚕茧,完全按'维新政府'实业部茧价评定委员会建议政府规定的公定价格,由华中蚕丝股份有限公司一手收买,以资统制蚕茧的数量、价格及配给。但因治安关系或其他情况华中蚕丝公司不能实地收买的区域,委托特约的茧行代为收买。其蚕茧的运出许可证要用华中的名义请求,以便统制蚕茧的产量,并防止统制圈外利用各种走私等方式将蚕茧运往上海以外。"[②]华中沦陷区蚕茧流通统制如图 7-2 所示。

从图 7-2 可以看出,江浙沪沦陷区的蚕茧均经过茧商或者合作社集中到华中蚕丝公司所控制的茧行(也有小部分由蚕农直接卖给茧行的),而华中蚕丝公司本身一方面向军方申请运送蚕茧的许可证,另一方面向"建设厅"呈报数量并申请蚕改费。对于一些家庭小丝厂及与华中蚕丝公司有特约的丝厂,则向"建设厅"呈报所需原料茧的数量,由"建设厅"通知华中蚕丝公司,然后由公司配给。

在统制政策下,蚕茧价格由伪维新政府事业部茧价评议委员会(华中蚕丝股份有限公司也派人参加)公定,华中蚕丝股份有限公司则拥有唯一购买权,事实上是接受日本军事力量的控制。华中蚕丝股份有限公司用这种方式独占了沦陷区原料茧的购买权,切断了租界丝厂的原料来源,阻止了华中蚕丝股份有限公司统制圈外丝厂的成立,或者将它们收到自己系统内,从而统制了蚕茧的生产与价格(见表 7-7)。

在流通过程中,茧行扮演中间商人的角色。华中蚕丝股份有限公司和

---

① 王庄穆.民国丝绸史.北京:中国纺织出版社,1995:338.

② 渡边辑二.华中蚕丝股份有限公司沿革史.华中蚕丝公司,1944 年 9 月初版,东京:湘南堂书店,1993 年再版:87.

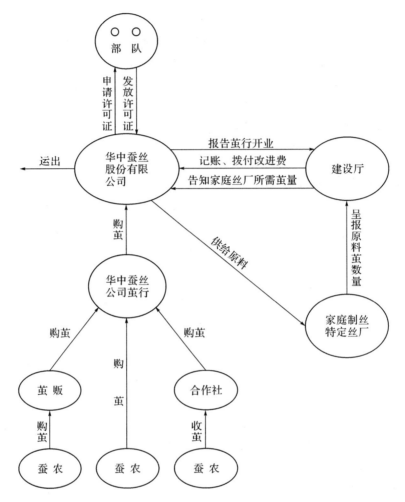

图 7-2　日本对江浙沪沦陷区的蚕茧流通图

资料来源:渡边辖二.华中蚕丝股份有限公司沿革史.华中蚕丝公司,1944 年 9 月初版,东京:湘南堂书店,1993 年再版:88.

特定的茧行订立契约,由伪维新政府发给许可证,允许有执照的茧行收集原料茧,再纳入公司,而公司与茧行之间的交易方式采用直营、包烘、包收等,以包收为主,约占 60.48%。华中蚕丝股份有限公司获得了江苏省212280 担收茧(鲜茧)能力的 214 家茧行;浙江省 159400 担收茧能力的 100

家茧行。① 共计 371680 担收茧能力的 314 家茧行的营业许可证（见附录 13），使华中蚕丝股份有限公司公司拥有独占的茧行利用权，从而统制蚕茧的收购（见表 7-7 至表 7-9）。

表 7-7　华中蚕丝股份有限公司统制收购蚕茧地区

管辖区	派出所	蚕茧收购地区
南京支店		南京市、江宁、溧水、句容、当涂、芜湖、六合、苏淮地区
	镇江	镇江、江都、杨中、仪征、高邮、泰兴
无锡支店		无锡、江阴、武进、靖江
	宜兴	宜兴、溧阳
	丹阳	丹阳、金坛
苏州支店		吴县、昆山、常熟、太仓、吴江县平望镇以北
	南浔	吴兴县双林镇、南浔镇地带、吴江县盛泽镇以北（含盛泽镇）至平望镇
嘉兴支店		嘉兴、桐乡、嘉善、海盐、吴江县盛泽镇以南
	平湖	平湖、嘉兴、海盐的邻近地区
	硖石	海宁县斜桥镇、海宁镇以东（包括斜桥镇、袁化镇、澉浦镇）
杭州支店		杭市、杭县、余杭、武康、德清、萧山
	长安	崇德、海宁县斜桥镇海宁镇以西（包括海宁镇）
	湖州	长兴、吴兴县双林镇以东除外
	诸暨	诸暨、浦江、义乌、绍兴诸暨县境地区
	金华	金华、武义、兰溪
本社直辖		南通
	宁波	（包含嵊县驻在地）、新昌、奉化、余姚、慈溪、上虞各县

资料来源：渡边辖二.华中蚕丝股份有限公司沿革史.华中蚕丝公司，1944 年 9 月初版，东京：湘南堂书店，1993 年再版：165.

① 周匡明：中国近代蚕业史概论（六）.中国纺织科技史资料（14），1983：88.

表 7-8　华中蚕丝股份有限公司各类茧行一览

年　份	直营	包烘	包收	其他	合计
1939	16	113	201	44	374
1940	27	107	604	6	744
1941	18	13	304	2	337
1942	17	8	69	455	549
1943	20	19	125	409	572

资料来源:渡边辖二.华中蚕丝股份有限公司沿革史.华中蚕丝公司,1944 年 9 月初版,东京:湘南堂书店,1993 年再版:182－183.

表 7-9　华中蚕丝股份有限公司所属茧行的地区分布

年　份		无锡	苏州	南京	嘉兴	杭州	合计
1939	春季	295	32	13	7	27	374
	秋季	373	19	11	9	25	437
1940	春季	525	61	37	25	96	744
	秋季	46	16	20	21	28	131
1941	春季	204.5	34	41	22.5	33	337
	秋季	18.5	4	7	3.5	8	41
1942	春季	437	37	2	30	34	549
	秋季	215	11	2	10	6	244
1943	春季	407	34	15	56	61	572

资料来源:渡边辖二.华中蚕丝股份有限公司沿革史.华中蚕丝公司,1944 年 9 月初版,东京:湘南堂书店,1993 年再版:182—183.

三、对生丝生产流通的统制

《蚕丝事业统制に关する指导要领の件》中关于生丝的统制:"华中各地所有机制丝业,完全由华中蚕丝股份有限公司统制经营,生丝完全由公司统一贩卖,但上海市内制丝工场及家庭缫丝工场,以指定数量限度,由华中蚕丝股份有限公司统一配给一部分茧料。"[①]它的流程图如图 7-3 所示。

---

①　渡边辖二.华中蚕丝股份有限公司沿革史.华中蚕丝公司,1944 年 9 月初版,东京:湘南堂书店,1993 年再版:87.

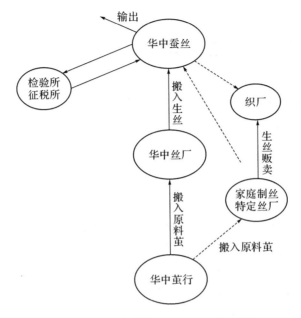

图 7-3　日本对江浙沪沦陷区的生丝统制图

资料来源:渡边辖二.华中蚕丝股份有限公司沿革史.华中蚕丝公司,1944 年 9 月初版,东京:湘南堂书店,1993 年再版:89.

日本侵略者对于生丝的统制有两层含义:第一,允许家庭缫丝和特定丝厂存在,但其所需的蚕茧必须由华中蚕丝股份有限公司的茧行收购后配给。其生丝除本地消费外,输出丝必须卖给华中蚕丝股份有限公司。这样,既切断租界丝厂的蚕茧来源,使其无法生存,同时又将家庭制丝及特定丝厂圈入华中蚕丝股份有限公司统制下,以统制生丝贩卖,切断它们与其他外国出口商的关系。第二,华中蚕丝股份有限公司打算一面独占经营机器缫丝业,一面将土丝以外的全部外销置于自己的统制之下,将其他外国资本从蚕丝业中完全驱逐出去。

另外,伪维新政府为配合日本侵略者经济政策的实施,于 1939 年 7 月 15 日公布了"管理手工制丝业暂行办法",规定手工缫丝场要领取许可证方可经营,所缫生丝必须全部由华中蚕丝股份有限公司统购统销。之后,又发布了"禁止货物移动"的命令和生丝出口须取得生丝检验所的"检验单"的规定(不是日军特许的厂、号,检验所不接受检验)。1940 年 6 月,驻沪日本陆海军当局联合布告,禁止生丝自由出境,如无华中蚕丝股份有限公司颁发的许可证不得启运,从而达到垄断中国生丝出口的目的。

第五节　日本对中国蚕丝业资源的掠夺

华中蚕种股份有限公司在日本军方势力以及汪伪政府的关照下,凭借专营蚕种制造业、茧行业、机器制丝业的特权,在1938—1943年经营的几年中,对中国的蚕丝业恣意掠夺榨取。

一、对蚕茧的掠夺

1936年以前蚕茧收购价格由各省政府定价。华中蚕丝股份有限公司垄断蚕丝业经营权后,蚕茧收购价格由(汪伪)维新政府实业部下设的茧价评议委员会决定。该茧价评议委员会主任由(汪伪)维新政府实业部副部长担任,委员由(汪伪)维新政府(中国人和日本人)5人,江浙等主产地的地方政府代表(中国人)5人,华中蚕丝股份有限公司代表(中国人和日本人)3人,兴亚院及日本侵略军代表(日本人)8人组成。从茧价评议委员会的人员构成中可见,实际对蚕茧收购价格具有决定权的是华中蚕丝股份有限公司和兴亚院。1938—1943年间,江浙地区鲜蚕茧实际收购价如表7-10所示。

表7-10　江浙地区蚕茧实际收购价(1938—1943年)　单位:元/司马担

年份	江苏省			浙江省		
	春改良茧	春土茧	秋茧	春改良茧	春土茧	秋茧
1938	37	30	57	35	30	55
1939	75	65	220	70	60	200
1940	333	181	169	227	183	121
1941	251	152	184	202	144	174
1942	714	500	602	554	446	684
1943	新3006	新2160	—	新2853	新2250	—

资料来源:渡边辖二.华中蚕丝股份有限公司沿革史.华中蚕丝公司,1944年9月初版,东京:湘南堂书店,1993年再版:194—195.

注:为干蚕茧统计数,1司马担相当于61.58千克。

华中蚕丝股份有限公司凭借着对茧行的控制,历年以压级压价等手法强行收购干茧共约2.5万吨,每担茧价比平常市价压低了1/3左右,这造成了江浙两省干蚕茧生产量逐年下降。如表7-11所示,1940年江浙两省干茧产量达260770担;1941年下降到189240担以下,减产了27%;1942年持续下降到140140担,又减产了26%;直到1943年日本帝国主义的蚕丝业统制政策破产后产量才有所回升。这些被掠夺的蚕茧一部分用来供给在华侵占丝厂（废茧供绢纺厂）作原料茧，剩余部分蚕茧和废茧被运回日本国内作为制造军需被服的原料，以弥补其国内纤维生产的不足。如表 7-11 所示，华中蚕丝股份有限公司直接收茧占蚕茧产量的比重不大，但由于小丝厂、土丝产品实际上也在华中蚕丝股份有限公司的垄断之中，可以说，江浙两省敌占区的蚕茧已完全被华中蚕丝股份有限公司控制。

表 7-11　华中蚕丝股份有限公司历年收购江浙两省蚕茧数量表

年份	产茧量（担）	华中蚕丝公司收购量（担）	占产茧量（％）	公司收购价（每担）	茧行数（家）
1938	197300	42391	21.5	旧法币 160 元	—
1939	246330	91790	37.3	旧法币 401 元	455
1940	260770	115864	44.4	旧法币 851 元	754
1941	189240	68330	36.1	旧法币 662 元	366
1942	140140	47043	33.6	新法币 973 元	535
1943	169880	40296	23.7	新法币 9148 元	573
合计	1203660	405714	33.7		

资料来源：渡边辖二. 华中蚕丝股份有限公司沿革史. 华中蚕丝公司，1944 年 9 月初版，东京：湘南堂书店，1993 年再版.

二、对蚕种的垄断

华中蚕丝股份有限公司垄断了江浙地区 138 家蚕种制造场的营业许可证（执照），其中直接控制的蚕种场有 14 家，实际经营的则是几家规模大、设备较好的种场（见表 7-12）。华中蚕丝股份有限公司经营种场的制种能力仅 20 万张，实际自 1939 到 1943 年仅产蚕种 40 万张。其余的则凭借拥有的营业许可证采用委托制种的形式来控制。据统计，1939 年其委托江浙两省的 95 家蚕种场制造春秋蚕种 300 余万张；1940 年委托 114 家制种场制造春秋蚕种 333 余万张；到 1941 年由于日本具备了对中国蚕种进行控制的设备条件以及蚕丝生产因出口停滞而过剩，华中蚕丝股份有限公司便借口中国蚕种病毒严重，对于委托中国蚕种场生产的蚕种只允许 10％的蚕种制造和配发纳入计划，其余强行集中销毁，1941 年江浙两省被焚毁的蚕种竟达 60 万张之多[①]。采用如此手段，一则是为了摧毁中国的蚕种；二则

---

①　渡边辖二. 华中蚕丝股份有限公司沿革史. 华中蚕丝公司，1944 年 9 月初版，东京：湘南堂书店，1993 年再版：87—88.

是为了向沦陷区大量倾销日本国内大批品种复杂、质量不良的剩余蚕种，在1938—1943年间，从日本（包括朝鲜）运来配发给蚕农的蚕种累计达147.3万张，占全部配发蚕种量的34.5%。[①] 1938年华中蚕丝股份有限公司配发蚕种89000张，其中从日本购入的占60.7%；1939年902111张，其中从日本购入的占40.4%；1940年1794234张，其中从日本购入的占20.0%。太平洋战争爆发后，日本生丝输出锐减，蚕种过剩，大量蚕种被运往中国，1942年华中蚕丝股份有限公司配发的427415张蚕种中，日本种占总发种量的80.8%，直营种占18.4%，国内购入的不到1%；1943年发种463974张，从日本购入的占77.3%，直营种占8.3%，国内委托种占14.4%。具体如表7-13所示。

表 7-12　华中蚕丝股份有限公司侵占蚕种场概况表

场　名	制种能力 （万张）	蚕种冷藏能力 （万张）	制冷形式	说　明
镇江蚕种场	15	15	阿摩尼亚式	
镇江高资支场	3	—		1940.3 开工
镇江桥头分场	2	—		1940.10 开工
嘉兴蚕种场	2	10	冰库	1940.3 建成开工
苏州蚕种场	2	10	阿摩尼亚式	原冷库改建，1940.3 开工
杭州蚕种冷库	—	25	阿摩尼亚式	1940.3 建成开工
无锡蚕种冷库	—	20	阿摩尼亚式	1940.4 建成开工

资料来源：徐新吾.中国近代缫丝工业史.上海：人民出版社，1990：376.

表 7-13　华中蚕丝股份有限公司蚕种配给数量

年　份	日本种 （张）	直营种 （张）	委托种 （张）	当地收购种 （张）	合　计 （张）
1938	54000	—	35000	—	89000
1939	364212	—	537899		902111
1940	350000	7000	1437234		1794234
1941	500	131952	—	459960	592412
1942	345257	78658	—	3500	427415
1943	358683	38491		66800	463974

资料来源：渡边辖二.华中蚕丝股份有限公司沿革史.华中蚕丝公司，1944年9月初版，东京：湘南堂书店，1993年再版：8—9.

---

① 冯宇苏.论日本侵华期间对浙江蚕丝业的统制和掠夺.浙江学刊，1995(4)：51—54.

三、对丝厂的侵占

华中蚕丝股份有限公司以向汪伪政府领取"营业许可证"的手法霸占了在上海、苏州、无锡、吴兴、嘉兴、杭州等地的53家丝厂，1万余部丝车；但因无力全部控制，便拆并设备，开办了22家丝厂。[①] 1941年太平洋战争爆发后，日本生丝出口停顿，国内开始过剩积压，华中蚕丝股份有限公司一方面减少丝厂的开厂数（见表7-14），另一方面利用我国廉价的劳动力和原料茧，侵占和改建了绢纺厂6家，进行绢编织和蚕茧短纤维化试验，具体如表7-15所示。

表7-14　华中蚕丝股份有限公司历年侵占丝厂概况表

年　份	开工厂数 家	开缫车数 釜	职工数 人	耗用原料 担	生丝产量 担	平均缫折 %
1938	14	4436	—	20763	4951	4.16
1939	20	5972	13320	73881	17276	4.28
1940	24	6974	16391	111868	26448	4.23
1941	10	3328	11140	67867	15298	4.43
1942	6	2092	4574	32762	6953	4.71
1943	6	2092	4778	13942	3222	4.33

资料来源：渡边辖二.华中蚕丝股份有限公司沿革史.华中蚕丝股份公司，1944年9月初版，东京：湘南堂书店，1993年再版：226、230、235—237.

表7-15　华中蚕丝股份有限公司侵占绢纺织厂简况表

厂　名	厂　址	主要机械设备	职工数/人	备　注
绢纺工场	上海宁国路241号	圆形梳棉机、延展机各6台	302（其中日本8人）	原大中华套鞋厂改建
绢编工场	上海周家嘴路999号	编织机22台	171（其中日本8人）	
绢布本工场	上海延平路175弄94号	力织机102台	344（其中日本8人）	
绢布分工场	上海白利南路（现名长宁路）20号	力织机100台	235（其中日本8人）	
裕泰丝厂	上海闸北潭子湾385弄1号	湿式缫茧机70台	415（其中日本8人）	
江南绢织厂	杭州林司后仆家弄18号	140台		

资料来源：徐新吾.中国近代缫丝工业史.上海：上海人民出版社，1990.

---

① 徐新吾.中国近代缫丝工业史.上海：上海人民出版社，1990：373.

四、对生丝的掠夺

华中蚕丝股份有限公司凭借日伪发布的"禁止货物移动"的命令和生丝出口须取得生丝检验所"检验单"的规定,在1938—1940年的3年期间掠夺我国输出生丝3887.96吨,内销生丝455.56吨,合计4343.52吨。[①]

从表7-16可见,华中蚕丝股份有限公司从中国出口的生丝和蚕丝副产品中共获取外汇17406457.9美元,由此也博得了日本政府的赞许,认为"由于生丝输出,对于取得具有重大战时使命的外汇有所贡献"。[②]

华中蚕丝股份有限公司从成立开始,就积极配合日本军方的要求,为侵华日军提供丝绵等军用物品。1938年向侵华日军提供丝绵45.6担,1938—1940年如表7-17所示,根据侵华日军希望的价格提供次下茧。

表7-16　华中蚕丝股份有限公司出口额

年　度	生丝/美元	蚕丝副产品/美元	合计/美元
1938年度(9—12月)	961844.47	—	961844.47
1939年度	4117485.73	89365.99	4206851.72
1940年度	6463806.22	125916.44	6589724.66
1941年度(1—9月)	5432690.96	215346.09	5648037.05
合　计	16975829.38	430628.52	17406457.90

资料来源:渡边辖二.华中蚕丝股份有限公司沿革史.华中蚕丝公司,1944年9月初版,东京:湘南堂书店,1993年再版:384.

表7-17　华中蚕丝股份有限公司的军用丝绵及次下茧上交量　　单位:担

种类	1938年	1939年	1940年	合计
双宫茧	—	4733.90	8060.24	12794.14
印烂茧	—	1531.00	329.85	4650.85
狙口茧	—	173.17	260.87	434.04
死笼茧	—	875.19	—	875.19
薄皮茧	—	863.30	1560.50	2423.80
汉口茧	—	—	150.85	150.84
茧衣	—	—	600.00	600.00
蛾口茧	—	280.00	1205.09	1485.09
丝绵	45.61	—	—	45.61
合计	45.61	8456.56	14957.39	23459.56

资料来源:渡边辖二.华中蚕丝股份有限公司沿革史.华中蚕丝公司,1944年9月初版,东京:湘南堂书店,1993年再版:201.

---

① 堀江英一.支那蚕丝业的调整政策.东亚经济论丛,1943:7—13.

② 徐新吾.中国近代缫丝工业史.上海:上海人民出版社,1990:382.

第六节　华中蚕丝股份有限公司的经营利益及其去向

1941 年 7 月 25 日美国宣布"对日本资产冻结令",同年 8 月以后生丝出口大幅度下降,1941 年 12 月 8 日日本偷袭美国的珍珠港,对美、英等同盟国宣战,此后生丝出口杜绝。从表 7-17 中可见,由于太平洋战争的爆发和生丝出口的杜绝,华中蚕丝股份有限公司的经营业绩也受到明显的影响,1941 年 10 月 1 日至 1942 年 3 月 31 日半年间,经营纯收益只有834653.80 日元,为历期最低。

表 7-18　华中蚕丝股份有限公司收益决算表

期别	时　期	收入/日元	支出/日元	纯收益/日元
1	1938.8.10—1939.3.31	8787451.69	7728918.17	1058533.52
2	1939.4.1—1939.10.31	32440402.74	28791092.82	3649309.92
3	1939.11.1—1940.10.31	80417100.85	77504002.35	2913098.50
4	1940.11.1—1941.3.31	16305591.32	14991740.09	1313851.23
5	1941.4.1—1941.9.30	28233705.98	26266584.79	1967121.19
6	1941.10.1—1942.3.31	10236462.68	9401808.88	834653.80
7	1942.4.1—1942.9.30	16041677.21	14944617.07	1097060.14
8	1942.10.1—1943.3.31	12469380.89	11165470.35	1303910.54
9	1942.4.1—1942.9.3	57528731.02	55475943.48	2052787.54
合　计		262460504.38	246270178.00	16190326.38

资料来源:渡边辖二.华中蚕丝股份有限公司沿革史.华中蚕丝公司,1944 年 9 月初版,东京:湘南堂书店,1993 年再版:377.

华中蚕丝股份有限公司在 1938 年 8 月 10 日成立至 1942 年 9 月 3 日的收益决算如表 7-18 所示。期间华中蚕丝股份有限公司的经营总收入为262460504.38 日元,总支出为 246270178.00 日元,收支相抵纯利润为16190326.38 日元。同期间华中蚕丝股份有限公司分配给股东的利润为2550270.38 日元,奖励骨干 360000 日元,合计为 2910270.38 日元。根据华中蚕丝股份有限公司的股份结构,其中的 70% 为日本方的半额出资,30% 为中国方的现物全额出资。同公司支付给日本股东的利润至少为1785189 日元,支付给中国方(包括汪伪政府实业部)的利润为765081 日元(见表 7-19)。

表 7-19　华中蚕丝股份有限公司收益分配表

期别	时　　期	股东分配/日元	骨干奖励/日元	小计/日元
1	1938.8.10—1939.3.31	260000.00	30000.00	290000.00
2	1939.4.1—1939.10.31	331367.38	70000.00	401367.38
3	1939.11.1—1940.10.31	650000.00	50000.00	700000.00
4	1940.11.1—1941.3.31	268903.00	30000.00	298903.00
5	1941.4.1—1941.9.30	260000.00	40000.00	300000.00
6	1941.10.1—1942.3.31	260000.00	35000.00	295000.00
7	1942.4.1—1942.9.30	260000.00	35000.00	295000.00
8	1942.10.1—1943.3.31	260000.00	35000.00	295000.00
9	1942.4.1—1942.9.3	—	35000.00	35000.00
合　计		2550270.38	360000.00	2910270.38

资料来源:渡边辖二.华中蚕丝股份有限公司沿革史.华中蚕丝公司,1944年9月初版,东京:湘南堂书店,1993年再版:377.

除上述收益分配外,华中蚕丝股份有限公司总部及其支店还对侵华日军进行慰问和捐献活动。华中蚕丝股份有限公司总部及其支店对侵华日军的捐献金额如表7-20所示。1938—1943年间,华中蚕丝股份有限公司共向侵华日军及有关部门捐献金额达17820360日元。

表 7-20　华中蚕丝股份有限公司捐献金

年　份	公司总部/日元	东京分公司/日元	其他支店/日元	合　计/日元
1938	—	—	30800	30800
1939	134560		140341	274901
1940	47560	301500	256342	605402
1941	54028		83766	137794
1942	9478		23552	33030
1943	16723667	—	14766	16738433
合　计	16969383	301500	549477	17820360

资料来源:渡边辖二.华中蚕丝股份有限公司沿革史.华中蚕丝公司,1944年9月初版,东京:湘南堂书店,1993年再版:392.

第八章 战后中国蚕丝业的损失调查与索赔

甲午战争后,日本利用其军事实力和不平等条约侵占了中国的台湾、澎湖地区和辽东沿海后,就对蚕丝业进行移民开发和资源掠夺。1931 年 9 月日本侵占了中国东北地区后,利用伪满洲国进行了实质性蚕丝业移民开发、经济统制与资源掠夺。1937 年 7 月日本帝国主义发动了历时 8 年的全面侵华战争,战火的破坏以及对沦陷区蚕丝业的统制与资源掠夺、对后方和上海"孤岛"区蚕丝业资源的封堵,都给中国的蚕丝业造成了巨大的直接和间接经济损失。本章以抗战期间全国蚕丝业损失调查委员会的调查资料为依据,对中国蚕丝业所遭受的损失作定量分析。

第一节 中国蚕丝业的损失调查

对日本侵略中国所造成的中国各行业的经济损失进行调查研究,是追究日本战争责任的重要内容之一。早在侵华战争初期,国民党重庆行政院即制订了抗战期间全国人口伤亡及公私财产损失查报办法及须知,通令中央及地方机关并转所属及人民查报,并成立了抗战损失调查委员会专门负责办理。抗战胜利后,日本赔偿问题日渐重要,抗战损失调查委员会改组为赔偿调查委员会,后又改为赔偿委员会,继续在全国各省、市展开抗战损失调查工作,同时将计算损失金额时间统一为:"人民列报损失金额,概折合为(民国)26 年上季之市值,为损失赔偿之计算单位。"①

蚕丝是当时中国最主要的外销物资,即最主要的外汇来源,被日军侵占的东北及江浙粤等蚕丝业产区的蚕茧及生丝产量要占全国总产量的90%以上②,由于受日本强抢掠夺及炮火的轰炸,这些地区的蚕丝业损失惨重,同时也给国家财政收入和国民经济带来了巨大的损失;另外,桑园荒芜,种场、丝厂等基础动摇势必影响我国蚕丝业战后的恢复,所以有必要对我国蚕丝业的受损情况进行调查并要求赔偿。1946 年,根据行政院的通知及所附调查办法等文件命令,中国蚕丝公司牵头组织了抗战期间全国蚕丝业损失调查委员会,推选了孙伯和、蒋师琦、管义达、邵申培、徐淡人、沈九如、王化南等 7 人为调查委员会委员,并请孙伯和任主席。③

1946 年 11 月 10 日,抗战期间全国蚕丝业损失调查委员会在上海市武进路 216 号召开会议,会议对损失的调查范围、调查方法以及负责调查的机关进行了讨论,确定调查分类项目包括蚕农(设备及蚕茧产量)、桑园、种场、茧行、丝厂、机关学校会社体团等;调查内容包括建筑设备直接损失、生产品的直接损失、经营上间接损失的历年累计、因统制压价所造成的直接和间接损失以及恢复期间损失(包括增加国库及人民负担的损失)。

调查损失阶段分三个时期:第一期自民国 20 年(1931 年)9 月 18 日至 26 年(1937 年)7 月 7 日;第二期从民国 26 年(1937 年)7 月 7 日到民国 34 年(1945 年)8 月 15 日抗战胜利;第三期由民国 34 年(1945 年)8 月 15 日抗战胜利至恢复期结束(定为 5 年)。

桑园调查:按照各地产茧量,推算桑园面积,计算桑树株数及恢复桑园经费;蚕农调查:按照产茧量损失估计换算;蚕种场调查:建筑设备、蚕种产量及营业损失,按照实际损失填报;茧行调查:建筑设备、生产量与营业损失,按照实际损失填报;丝厂调查:建筑设备、生产量与营业损失,按照实际损失填报;机关学校社会团体调查:建筑设备与营业损失,按照实际损失填报;以上各项目因统制压迫所受损失,根据日本兴亚院及华中蚕丝股份有限公司有关资料计算;关于恢复期间损失,根据 1946 年产量参照战前产

---

①　张铨等.日军在上海的罪行与统制.上海:上海人民出版社,2000:480.

②　上海市档案馆档案:S37-1-362.

③　中国蚕丝公司消息.中蚕通讯.1946,1(2):9.

量,估计五年内恢复所需经费,并计算历年营业损失。

损失调查及计算按照分类项目由相应机关操作进行。其中,各省建设厅负责桑园、蚕农、茧行及机关学校社会团体;蚕种业同业公会负责调查蚕种场;缫丝业同业公会负责调查丝厂;中国蚕丝公司协助各机关补充调查;凡蚕种场、茧行和丝厂等,已经完全毁灭无法填报调查的,由负责调查机关代为调查填报。

根据会议决议,要求在 1946 年 11 月 20 日前将所有的抗战损失调查办法、抗战损失查报须知、抗战期间蚕丝业损失调查注意事项、战前全国家蚕丝产量估计表、战前全国桑园面积估计表及各种调查表编制印发到各相关部门着手调查。12 月 15 日前,由各有关机关分布汇编总表,连同资料邮寄至抗战期间全国蚕丝业损失调查委员会汇总,12 月底前将抗战期间蚕丝业的损失统计汇总成总报告呈送中央赔偿委员会,供政府交涉赔偿以及计划复兴作参考。战时蚕丝业损失调查办法及查报须知见附录 18。

第二节　中国蚕丝业的损失估算

从 1937 年 7 月 7 日卢沟桥事变起,至 1945 年 8 月 14 日日本投降,共计 8 年 1 个月零 7 日,日本帝国主义侵略中国的战争给中国人民造成了生命的牺牲、财产的损失、预期收获成为泡影、土地被蹂躏等惨状,损失巨大。抗战胜利后,重庆行政院统计全国公私财产直接损失 3113013.6 万美元,间接损失 2044474.1 万美元,战费损失 41689.67 万美元,其间的损失统计还不包括我国台湾及东北各省市[1]。而根据后人的研究估算,在日本侵略军的屠刀下,中国军民伤亡达 3500 万人;同时,按照 1937 年的比值计算,日本侵略给中国造成的直接经济损失是 1000 亿美元,间接经济损失是 5000 亿美元。[2] 这是一个让世人震惊的数字!

由于战争期间田地被破坏,家畜丢失,出口市场减少,经济停滞,我国

---

① 中国第二历史档案馆.中华民国史档案资料汇编(第三编第五辑外交):219—225、230—241.

② 江泽民.在首都各届纪念抗日战争暨世界反法西斯战争胜利 50 周年大会上的讲话.1995.9.3.引自张铨等.日军在上海的罪行与统制.上海:上海人民出版社,2000:440.

蚕丝业受到了致命的打击,产量锐减了近 89％。① 据行政院统计估算,农业直接损失 174575.8 万美元,其中蚕丝业的损失是主要组成部分之一;在资源减损的统计中,蚕丝生产减少的损失达 76500 万美元。② 另外,《十年来之中国经济》一书对抗日战争时期中国蚕丝业所遭受的损失进行了估计,结果如表 8-1、表 8-2 和表 8-3 所示。

表 8-1　抗日战争时期中国桑园损毁统计

被毁桑园	218 万亩	损失桑树	113200 万株
受损桑园	536 万亩	应补栽桑树	86200 万株
合　计	754 万亩	总计	199400 万株

资料来源:十年来之中国经济.北京:中华书局,1948:9—10.

表 8-2　抗日战争时期中国蚕丝业设备损失统计

养蚕业	受损蚕农	260 万户	损失总值	23600 万元
蚕种业	减少制种量	460 万张	损失总值	1090 万元
制丝业	损失丝车	45000 部	损失总值	2810 万元
合计(战前法币值)				30000 万元

资料来源同表 8-1。

表 8-3　抗日战争时期中国蚕丝生产量损失

项　目	数量(万担)	项目	数量(万担)	合计(万担)
家蚕丝战时损失	101.8	家蚕丝战后减产损失	58.5	160.3
柞蚕丝战时损失	29.4	柞蚕丝战后减产损失	10.6	40.0
合计(万担)	131.2		69.1	200.3

资料来源同表 8-1。

由表 8-1 至表 8-3 可见,抗日战争期间我国蚕丝业损毁桑园计 754 万亩,损毁桑树 19.94 亿株;受损蚕农 260 万户,损失缫丝车 4.5 万部,蚕种业减少蚕种生产量为 460 万张;抗日战争时期我国家蚕丝受损 101.8 万担,柞蚕丝受损 29.4 万担,合计受损蚕丝 131.2 万担;战后家蚕丝减产损失

---

① 中国第二历史档案馆档案:全宗号 18-3042.

② 中国第二历史档案馆.中华民国史档案资料汇编(第三编第五辑外交):221—224.

160.3万担,柞蚕丝减产损失40万担,合计战后减产蚕丝200.3万担。[①]

对于抗战期间中国蚕丝业所遭受的损失,前述的行政院统计,估算的仅仅是蚕丝减产一项的损失;而《十年来之中国经济》一书,对抗日战争时期中国蚕丝业所遭受的损失估计也不够具体,且不能用统一的货币单位进行定量。为了更加详细深入地汇集日本侵华时期对我国蚕丝业所造成的损失,以下根据抗战期间全国蚕丝业损失调查委员会对蚕丝业损失的调查汇总结果,进一步分类估算。

一、全国家蚕丝业建筑、器具等财产损失估算

由于日军的炮火轰击与封锁,养蚕业、制种业、缫丝业以及蚕丝学校、改进机关的建筑、器具等财产遭受了巨大损失。对于养蚕业的财产损失以平均每户蚕室蚕具损失按战前40~100元(战前法币)计算,蚕种业的财产损失按照制种量以平均每张种损失2元(战前法币)计算,制丝业的财产损失按照车数以平均每台丝车损失100~500元(战前法币)计算;另据估计(见表8-4),战前全国共有蚕户数326万户,年均制种600万张,丝车台数6万台,这样,养蚕业财产损失估计约为2.36亿元(战前法币)、蚕种业财产损失估计约为0.109亿元(战前法币)、制丝业财产损失估计约为0.281亿元(战前法币),再加上蚕丝学校及改进机关与丝织业等其他损失约0.25亿元(战前法币),全国蚕丝业建筑、器具等财产损失合计约为3.0亿元(战前法币)(见表8-5)。

表8-4 战前全国蚕户数、制种量及丝车台数估计表

地　区	蚕户数(万户)	制种数(万张)	丝车台数(万台)
江　苏	50	40	3.14
浙　江	110	100	0.86
广　东	50	20	1.2
山　东	16		0.1
川滇新	65	80	0.5
其　他	35		0.2
总　计	326	600	6

资料来源:上海市档案馆档案:S37-1-362:33.

[①] 十年来之中国经济.中华书局,1948.又见徐新吾.中国近代缫丝工业史.上海:上海人民出版社,1990:401.

表 8-5　抗战期间全国蚕丝业建筑、器具等财产损失估计表

地　区	养蚕业 （法币万元）	蚕种业 （法币万元）	制丝业 （法币万元）	其他 （法币万元）	合计 （法币万元）
江　苏	5000	700	1570	800	8070
浙　江	11000	300	430	1000	12730
广　东	5000	50	600	500	6150
山　东	1100		50	50	13000
川滇新		40	60	50	150
其　他	1400		100	100	1600
总　计	23600	1090	2810	2500	30000

资料来源：上海市档案馆档案：S37-1-362：32.

二、桑园损失估算

据估计，战前全国桑园面积约为 796.04 万亩。由于战事，人民颠沛流离，桑园荒芜，估计战后应整理的桑园数为 754 万亩，需花费法币 1.4 亿元；另据估计，战时废弃的桑园全国约有 218 万亩，战后预计需补充 11.32 亿株桑苗才能复兴这些桑园；而战后需更新的桑园有 578.04 万亩，估计需补充桑苗 8.68 亿株（见表 8-6 和表 8-7）。所以，全国的桑园损失估计至少应补充桑苗 20 亿株，按桑苗产地价格每株 0.08 元（战前法币）①计算，计 1.6 亿元（战前法币），加上桑园整地费 1.4 亿元（战前法币），合计为 3.0 亿元（战前法币）。

表 8-6　复兴及更新桑园应需桑苗数量估计表

地　区	战时废弃桑园 （万亩）	复兴桑园应需 桑苗（亿株）	战后应更新 桑园（万亩）	更新桑园所需 桑苗（亿株）	共需培育桑 苗数（亿株）
江　苏	50	2	62	1	3
浙　江	75	3	190.82	2.8	5.8
广　东	60	5	86.57	2.6	7.6
山　东	8	0.32	18	0.28	0.6
川滇新			157.4	1	1
其　他	25	1	63.25	1	2
合　计	218	11.32	578.04	8.68	20

资料来源：上海市档案馆档案：S37-1-362：33.

---

①　1933 年 3 月浙江大学蚕桑系对海宁桐乡等桑苗产地的调查得到的优良桑苗价格为每株 0.12 元，中等桑苗价格为每株 0.08 元，本文按中等桑苗价格计算。实业部国际贸易局：《中国实业志》（浙江省），1934：177.

表 8-7　战后整理桑园费用估计表

地　区	战前桑园面积（万亩）	应整理桑园面积（万亩）	整理费用（法币万元）
江　苏	112	112	2600
浙　江	265.82	265	5400
广　东	146.57	146	3000
山　东	26	26	500
川滇新	157.4	120	1000
其　他	88.25	85	1500
合　计	796.04	754	14000

资料来源：上海市档案馆档案：S37-1-362：33.

三、全国家蚕丝产量的损失估算

根据日本上原重美的估计以及战前对各蚕业主产区丝茧产量调查数字的估计，战前全国家蚕丝年均产量为 15860 吨（战前 10 年平均），其中江苏、浙江蚕区战前平均年产家蚕丝 2600 吨和 5300 吨，按照被侵占 8 年计算，江浙两省家蚕丝产量战时损失总量为 63200 吨；广东蚕区战前平均年产家蚕丝 3970 吨，按照被侵占 7 年计算，战时损失为 27800 吨；山东蚕区战前平均年产家蚕丝约 470 吨，被侵占 8 年内估计损失 3800 吨；川滇新蚕区战时 8 年因为被封锁造成减产损失估计为 3000 吨；其他零星蚕区因为被侵占或者封锁的原因估计战时损失约为 4000 吨。

抗战后，由于桑园、种场、丝厂等百废待兴，蚕丝产量势必减少，江苏蚕区战后第一、二年估计平均每年减产 1500 吨，第三、四年平均每年减产 1100 吨，第五、六年平均每年减产 800 吨，战后六年江苏蚕区估计减产损失总计 6800 吨；浙江蚕区战后第一、二年估计平均每年减产 3300 吨，第三、四年平均每年减产 2400 吨，第五、六年平均每年减产 900 吨，战后六年浙江蚕区估计减产损失共计 13200 吨；广东蚕区战后第一、二年估计平均每年减产 2600 吨，第三、四年平均每年减产 1500 吨，第五、六年平均每年减产 900 吨，战后六年广东蚕区估计减产损失共计 10000 吨；战后六年山东蚕区估计减产损失为 1200 吨；川滇新和其他零星蚕区战后六年估计减产损失为 3000 吨。

由上所述，由于日本的侵华战争，全国的蚕丝产量战时损失家蚕丝估计 101800 吨，战后损失家蚕丝 34200 吨，家蚕丝损失总计 136000 吨（见表

8-8)。按照战前家蚕丝丝价每吨 14000 元(战前法币)计算①,损失总额达 19.04 亿元(战前法币)。

表 8-8　抗战期间全国蚕丝产量损失估计表　　　　单位:吨

区　别	战前年均蚕丝产量	战时损失	战后损失	损失合计
江　苏	2600	20800	6800	27600
浙　江	5300	42400	13200	55600
广　东	3970	27800	10000	37800
山　东	470	3800	1200	5000
川滇新	2050	3000	1000	4000
其　他	1470	4000	2000	6000
总　计	15860	101800	34200	136000

资料来源:上海市档案馆档案:S37-1-362:31—32.按照每公担=0.1 吨计算。

四、柞蚕业的损失估算

柞蚕丝的主要产地在辽宁、山东、河南等地。辽宁蚕区,战前年产柞蚕丝 15000 吨,从 1931 年"九·一八事变"辽宁省被占至 1945 年日本投降的 14 年内柞蚕丝估计有 21000 吨,战后减产损失估计有 2000 吨;山东蚕区战前年产柞蚕丝 800 吨,按照被侵占 8 年计算,估计战时损失 6400 吨,战后减产损失估计为 800 吨;河南蚕区战前年产柞蚕丝 250 吨,战时损失估计为 1000 吨,战后减产损失估计为 500 吨;川、黔及其他柞蚕丝区的战时损失估计为 1000 吨,战后减产损失估计为 600 吨。所以,柞蚕区在被占期内全部柞蚕丝产量损失及战时后方与战后复兴期间的减产损失估计总共为 33300 吨,加上柞蚕制丝、丝织设备及柞蚕林荒废等损失估计为柞蚕丝 6700 吨(以柞蚕丝总损失的 20%折算),柞蚕部分损失共计柞蚕丝 40000 吨,按照战前 5 年平均的柞蚕丝价每吨 11667 元(战前法币)②计算,损失总额达法币 3.08 亿元(战前法币)(见表 8-9)。

---

① 上海市档案馆档案.S37-1-362.

② 根据抗战期间全国蚕丝业损失调查委员会提出的赔偿条款之一,以家蚕丝每公担折合柞蚕丝 1.2 公担的比例,参照家蚕丝战前丝价每公担 1400 元,计算所得。参见上海市档案馆档案:S37-1-362:30.

表 8-9　抗战期间柞蚕丝损失统计表　　　　　单位:吨

区　别	战前年均产丝量	战时的损失	战后减产损失	合　计
辽　宁	15000	21000	2000	23000
山　东	800	6400	800	7200
河　南	250	1000	500	1500
川　黔	100	500	300	800
其　他	100	500	300	800
合　计	2750	29400	3900	33300

资料来源:上海市档案馆档案:S37-1-362.注:单位按照每公担=100千克计算。

五、补偿蚕丝业技术改进费估算

此外,为了恢复蚕丝业,战后大约需要 10 年时间,按平均每年需要改进费 2000 万元(战前法币)计算,合计需要蚕丝业技术改进费用 2.0 亿元(战前法币)。

六、蚕丝业损失汇总

根据抗战期间全国蚕丝业损失调查委员会对蚕丝业损失的分类估算,汇总结果如表 8-10 所示。由于日本帝国主义对我国的侵略和资源掠夺,期

表 8-10　日本侵华时期中国蚕丝业损害汇总表

	项　目	损失金额(战前法币,万元)
柞蚕	战时柞蚕丝损失	22633.98
	战后柞蚕丝减产损失	4550.13
	柞蚕业财产损失折合	7816.89
家蚕	养蚕业财产损失	23600.00
	蚕种业财产损失	1090.00
	制丝业财产损失	2810.00
	其他蚕丝业机构财产损失	2500.00
	桑苗损失费	16000.00
	桑园整地费	14000.00
	战时家蚕丝损失	142520.00
	战后家蚕丝减产损失	47880.00
	技术改进费补偿	20000.00
	合　计	·305401.00

间我国相关蚕丝业机构财产损失 3.78 亿元(战前法币),技术改进费补偿损失 2 亿元(战前法币),桑园损失 3.0 亿元(战前法币),生丝损失 21.76 亿元(战前法币),共计损失 30.54 亿元(战前法币)。抗战期间全国蚕丝业损失调查统计虽然花费了大量的精力,但由于统计和估算的局限性,这远远不能反映出我国蚕丝业因抗战而蒙受损失的全貌,尤其在茧丝绸对外贸易等方面的损失还有待于进一步的调查研究。

第三节　战后索赔

第一次世界大战后,国际法对战争索赔作了界定,除了传统意义上偿还战胜国战争损失外,还包括因战争直接造成战胜国的平民财产损失的赔偿。日本侵华战争给我们国家和人民的生命财产造成了巨大的损失,日本理应对此进行赔偿,因为战争索赔可以使侵略者看到他们的历史罪责,看到他们可耻的下场。

战后,抗战期间全国蚕丝业损失调查委员会代表我国蚕丝业提出了赔偿条款①。

(1)日本应赔偿我国家蚕丝 1603000 公担及柞蚕丝 400000 公担:除以日本国内现有蚕丝产品的全部作为赔偿外,其余以日本战后蚕丝产品按十年平均清偿。如果柞蚕丝不足得以家蚕丝每公担折合柞蚕丝 1.2 公担赔偿。

(2)日本应赔偿我国价值战前法币 3 亿元的蚕丝建筑器材:以日本国内现有蚕种、制丝、丝织绢纺及蚕丝器材制造工厂等设备的半数及在战后十年内指定其交付我国蚕丝器材折价赔偿。

(3)日本应赔偿我国的桑苗:以日本国内现有桑苗及战后十年内每年培育 2 亿株赔偿。

(4)战后十年内我国蚕种不能自给的应由日本负责:以其国内所产优良蚕种照数供给,并保证品质的优良。

1947 年 8 月,国民党政府行政院在各项战争损失调查的基础上,根据《波茨坦公约》规定,向远东委员会递交了《责令日本政府赔偿说帖》,要求日本赔偿我们国家和人民生命财产的损失。但最终由于美国垄断操纵对日索赔的权利,中国对日索赔中断。

---

① 上海市档案馆档案:S37-1-362.

第九章 结 论

　　日本在侵华时期通过满洲铁道股份有限公司和兴亚院
实业部等机构,对我国实行了严厉的经济统制和血腥的资源
掠夺,这是众所周知的历史事实。但是,国内外至今对日本
侵华历史的研究还主要集中在政治、军事以及宏观经济史方
面,其中又以对慰安妇、731部队与细菌、南京大屠杀等研究
报道较多,对日本侵华时期对我国实行了严厉的经济统制和
血腥的资源掠夺进行系统的研究与揭露还十分不够。研究
日本侵华战争在中国犯下的种种罪行,揭示历史事实,让那
些对历史不负责任的日本右翼分子的无耻言行无所遁形,为
中日关系的健康发展奠定历史基础,是当代有良知的学者义
不容辞的职责。

　　近代中国和日本的蚕丝业无论是在两国的工业化进程
上,还是国民经济的发展和出口创汇、保持外贸平衡方面,都
具有十分重要的地位。近代中国蚕丝业的发展历程跌宕起
伏,随着欧洲蚕丝业的衰退,鸦片战争后中国五港的开港,蚕
丝业的对外贸易快速发展,刺激了近代中国蚕丝生产的发
展,诸如广东的珠江三角洲的农民大规模"弃田筑塘"、"废稻
种桑",顺德、南海、三水和新会等县发展成为我国的一大蚕
丝业主产地;江南太湖南岸杭嘉湖和苏锡常等地区蚕丝业也
迅猛发展,蚕丝业成为农民经济收入的主要来源和近代中国
工业化的先导产业之一。

　　近代日本蚕丝业在政府的扶持与奖励下迅速发展,日本
蚕茧生产量1878—1882年平均为43328.2吨,到1928—

1932 年平均产茧量达到 366771.4 吨;生丝生产量也由 1878—1882 年平均的 1722.8 吨,增加到 1928—1932 年平均的 42011.4 吨。最盛期的 1930年,日本桑园面积 70.76 万公顷,占耕地面积的 12.1%,养蚕农户 2208.1千户,占全国农户的 39.6%,蚕种饲养量达 1511.5 万张,蚕茧生产量达历史最高水平 399093 吨;有制丝厂 70278 家,缫丝机 433637 釜,制丝工人达509124 人;丝绸织物的消费税达 19723119 日元,丝棉交织物的消费税为1634168 日元,两者合计达 21357287 日元,占同年日本纺织品消费税总收入 34152411 日元的 62.5%。与中国相同,蚕丝业成为日本农民经济收入的主要来源和近代日本工业化之先锋。

近代世界生丝市场是供求寡头垄断的市场,其主要进口消费国为美国、法国、英国和意大利;其主要出口国为日本、中国和意大利。但意大利的蚕丝业由于工业化后劳动成本的大幅度提高、受桑蚕微粒子病的影响以及葡萄和橄榄等经济作物的竞争,较早地进入衰退,所以近代世界生丝市场上,生丝出口的竞争主要是由中日两国所展开的。

中日两国在世界生丝市场上的竞争是在进入 19 世纪 70 年代后逐渐开始激化的,1909 年日本的生丝出口量超过中国位居世界首位。日本从1916 年开始其生丝出口量占世界生丝贸易量的一半以上,1927 年以后达2/3 强。尽管自 1927 年起日本已经基本确立了其在世界生丝市场上的垄断权,但他们始终认为中国蚕丝业历史悠久,产地广阔,土地肥沃,劳动力廉价且经验丰富,是日本蚕丝业的心腹之患。因此,对中国蚕丝业进行统制,掠夺中国蚕丝业资源,破坏中国蚕丝业的发展基础,成为日本帝国主义和蚕丝业界的重要目标。

抗战前尤其是甲午战争以后,日本为了提高其蚕丝业的竞争力和政策的针对性,就对中国蚕丝业进行了有组织的调查和渗透,以获取中国蚕丝业的经济情报和蚕种等资源。甲午战争后,日本恐惧中国蚕丝业改良所带来的竞争压力,一直不间断地派遣官方的和民间的视察团以及利用我国引进的日籍蚕丝业教师,到我国各主要蚕区对蚕丝业的各个生产部门和领域进行详细而具体的调查,为制定对中国蚕丝业的竞争策略和行动计划提供重要依据;并千方百计地偷取中国蚕种资源,以改良日本蚕种,提高日本蚕丝业的生产率。此外,早在 19 世纪末日系蚕丝资本就以独资或合资办厂,开设茧行、商行等形式,对中国蚕丝业进行商业渗透,参与中国蚕茧收购、制丝生产和生丝的出口业务。自 19 世纪末至 20 世纪 30 年代间,日本还依靠帝国主义侵略势力为后盾,不断地在国际生丝市场、在我国通商口岸以至于在我国蚕丝产区制造事端，打击中国的生丝贸易，企图将中国排挤出世界生丝市场。

1937 年 7 月，日本帝国主义发动了全面侵华战争，为他们统制和掠夺中国蚕丝业资源提供了契机。这场战争从某种意义上讲也是一场经济战争，对中国的经济统制和资源掠夺是日本帝国主义者侵略所追求的主要目的之一。日本帝国主义通过对我国各种经济要素，如土地、人力、矿产、财产和市场资源的占领、统制与掠夺，以充实其国力与军力，为其称霸世界的侵略战争服务。日本帝国主义者认为："中国蚕丝主产地的华中蚕丝业从宣抚工作上必须从速复兴，但是如果是自然的无统制的复兴，恐怕会引起和日本蚕丝业的竞争摩擦，进而违反共存共荣的大理想。为此，无论如何要设立特种机构，从事中日蚕丝业的调整，以期两国蚕丝业的健全发展，以努力达成本次圣战的目的。"为此，他们积极派员赴沦陷区进行调查，于 1938 年 3 月 24 日形成"支那蚕丝业对策二付建议"，提交给日本内阁总理、外务、陆海军、农林、商工、商工各大臣及企划院总裁。1938 年 4 月日本在华的海陆军特务部、总领事馆和农林省的三省联络会议制定了"中支那蚕丝业卜日本卜ノ调整要领"。1939 年 6 月 13 日，日本又以内阁直辖的殖民侵略机构——兴亚院华中联络部的名义发布了《蚕丝事业统制に关する指导要领の件》。1941 年 4 月 18 日兴亚院又提出了"日支蚕丝业ノ调整方策"，并印发给日本的各联络部及日本国内有关机构以求协助执行。

为了控制中国蚕丝业，在汪伪傀儡政府和杨高百等部分汉奸的积极配合下，先设立"中支蚕丝组合"(1938 年 4 月 21 日至 1939 年 3 月)临时机构；此后成立"华中蚕丝股份有限公司"(1938 年 8 月 10 日至 1943 年 11 月 5 日)；再组建"中华蚕丝股份有限公司"(1944 年 5 月 3 日至 1945 年 9 月 14 日)。并以这些机构为执行主体对中国蚕丝业实行了严厉的统制和残酷的资源掠夺。

从日本长期以来对中国蚕丝业的调查与情报收集活动；甲午战争后对辽东地区(日称关东州)和台湾蚕丝业的有组织、有计划的移民开发；1922 年大日本蚕丝中央会报组织的对中国蚕丝业统制与中日蚕丝业协调政策研讨；1937 年日本全面侵华战争后，对以江浙沪为中心的中国蚕丝业主产地统制政策的制定与出笼过程；以华中蚕丝股份有限公司为代表的统制机构的组建与控制等诸多历史事实证明，日本帝国主义对中国蚕丝业的统制与资源掠夺是其侵略政策的一部分，是有组织和预谋的。

日本对中国蚕丝业的资源掠夺可分为三个时期。

第一期为 1895 年 4 月日本胁迫清朝签订不平等条约——"中日马关条约",侵占辽东半岛(日称关东州)、台湾及澎湖诸岛,至 1931 年 9 月 18 日日本发动"九·一八"事变止。这一时期日本为掠夺占领地的资源,并将其作为日本蚕丝业原料基地的一部分,对台湾和东北地区的蚕丝业(包括柞蚕丝业)采取了移民开发,奖励发展和垄断流通。

第二时期为"九·一八事变"后至 1937 年 7 月发动全面侵华战争止。期间,日本帝国主义为控制东北柞蚕产区,服务于日本称霸世界蚕丝业和垄断世界生丝市场的目的,在所谓"日满经济一体化"的口号下,挟制伪满政府,通过成立"满洲蚕丝业公会"、"柞蚕丝检查所",设立"满洲柞蚕兴业株式会社"、"兴亚制丝株式会社"和"满洲东洋纺织株式会社"等组织,垄断中国东北的柞蚕丝业。

在上述两个时期,日本在江浙沪、广东、四川和山东等地通过收购蚕茧、兴办机器缫丝厂、开办三井洋行和派遣教官等,对中国蚕丝业主产地进行产业渗透、商业破坏和情报收集等活动。

第三时期为 1937 年"七七事变"至 1945 年 8 月 15 日日本无条件投降止。这一时期又可分为三个阶段。自 1937 年 7 月至 1938 年 4 月日本在华三省联络会议,根据日本中央蚕丝会的"关于中国蚕丝业对策建议",制定"华中蚕丝业与日本的调整要领",成立"中支蚕丝组合",这一时期为第一阶段。日本帝国主义为打垮国民党政权,达到侵占中国的目的,对中国的经济设施进行了破坏和掠夺,在日军铁蹄的践踏下,江浙沦陷区被毁桑园200 万亩;受害蚕农约 260 万户;30% 以上的蚕种场和 60% 以上的缫丝厂被焚毁或破坏①,中国的蚕丝业遭受了毁灭性的打击。自 1938 年 4 月日本帝国主义在上海组织成立"中支蚕丝组合"至 1943 年 11 月华中蚕丝股份有限公司的解体止,这一时期为第二阶段。日本帝国主义在占据中国半壁江山,尤其是占领江浙沪等中国蚕丝主产地后,为了掠夺中国蚕丝业资源,达到"以战养战"的目的,以"华中蚕丝股份有限公司"等作为对中国沦陷区蚕丝业的统制机构,通过侵占蚕种场、茧行和制丝厂等蚕丝业机构,对蚕丝业实行全面统制。自 1943 年 11 月华中蚕丝股份有限公司解体后至 1945 年8 月 15 日日本无条件投降止,这一时期为第三阶段。随着第二次世界大战的进展,中国共产党领导的八路军、新四军等抗战力量不断强大,日本帝国主义的军事优势日益丧失,加上 1941 年 12 月日本偷袭珍珠港后,因与美

---

① 徐新吾.中国近代缫丝工业史.上海:上海人民出版社,1990:362.

国、法国等生丝需求国交恶,生丝出口的途径被切断,华中蚕丝股份有限公司被迫解体。此后,日本帝国主义虽于 1944 年 5 月重组"中华蚕丝股份有限公司",但其重点在于用于替代羊毛的蚕丝短纤维的开发利用,对沦陷区的蚕丝业采取放任政策,并加强了对沦陷区蚕茧向上海"孤岛"和后方转移的封堵,导致沦陷区的蚕农无处售茧,丝厂无原料开工,生丝无人收购和无法出口,蚕丝业遭到严重的伤害而急剧萎缩。

在 1937 年 7 月至 1945 年 8 月日本帝国主义全面侵华时期,华中蚕种股份有限公司等在日本军方势力以及汪伪政府的关照下,凭借专营蚕种制造业、茧行业、机器制丝业的特权,对中国的蚕丝业进行恣意掠夺榨取。在 1938 年 8 月 10 日至 1942 年 9 月 3 日期间,华中蚕丝股份有限公司的经营总收入为 262460504.38 日元,总支出为 246279178.00 日元,收支相抵纯利润为 16190326.38 日元。同期间,华中蚕丝股份有限公司分配给股东的利润为 2550270.38 日元,奖励骨干 360000 日元,合计为 2910270.38 日元。此外,华中蚕丝股份有限公司总部及其支店还对侵华日军进行慰问和捐献活动,其中捐献金额达 17820360 日元之巨。

根据抗战期间全国蚕丝业损失调查委员会调查结果分类估算,由于日本帝国主义对我国的侵略和资源掠夺,期间我国相关蚕丝业机构财产损失 3.78 亿元(战前法币),技术改进费补偿损失 2 亿元(战前法币),桑园损失 3.0 亿元(战前法币),生丝损失 21.76 亿元(战前法币),共计损失 30.54 亿元(战前法币)。这是一个让人触目惊心的数字。日本帝国主义对中国蚕丝业犯下的滔天罪行,事实清楚,不容抹杀!

附　录

附录1　大　事　记

日　期	事　　件
1931 年 9 月 18 日	日本帝国主义制造"九·一八"事变,发动侵华战争
1932 年 3 月 1 日	伪东北行政委员会发表《建国宣言》,宣布成立伪满洲国
1932 年 3 月 10 日	溥仪与本庄繁签署密约。日本帝国主义据此操纵了中国东北的政治、经济、军事和文化等一切大权
1932 年 3 月 12 日	日本内阁通过《满蒙处理方针纲要》
1932 年 8 月 8 日	日本任命武藤信义接任关东军司令官,兼任驻伪满全权大使及关东厅长官,实行所谓"三位一体制"
1932 年 9 月 15 日	日本正式承认伪满洲国,双方签订《日满议定书》
1936 年 1 月 9 日	日本参谋部写出《华北自治运动的演变》,作为扩大侵略的参考
1936 年 1 月 13 日	日本政府向在华日军发出《处理华北纲要》
1936 年 5 月 9 日	日本拟定《向满洲移住农业移民百万户计划》
1936 年 8 月 7 日	日本内阁制定《国策基准》和《帝国外交方针》
1936 年 8 月 11 日	日本政府确定《对中国实施策略》和《第二次处理华北纲要》
1936 年 8 月	日本参谋部制定《1937 年度对华作战计划》
1937 年 2 月 20 日	日本政府发出《第三次处理华北纲要》
1937 年 7 月 7 日	日军在卢沟桥进行挑衅性军事演习,并炮轰宛平城。日军全面侵华战争开始。史称"七·七事变"

日　　期	事　　件
1937 年 7 月 29 日	北平失陷
1937 年 8 月 13 日	日军大肆进攻上海,淞沪战争爆发。史称"八·一三"抗战
1937 年 11 月 12 日	上海失陷
1937 年 11 月 23 日	无锡失陷
1937 年 12 月 12 日	镇江失陷
1937 年 12 月 13 日	日军侵占南京,实行惨绝人寰的南京大屠杀,中国军民死亡近 30 万人
1937 年 12 月 19 日	合肥沦陷
1937 年 12 月 21 日	日本中央蚕丝会召开了第十次总会,提出有关调整中国蚕丝业的建议
1937 年 12 月 21 日	杭州沦陷
1937 年 12 月 23 日	日本蚕丝会向日本内阁总理、农林、大藏、商工、陆军、海军各大臣提交了——"支那蚕丝业调整に关する建议"
1938 年 3 月 24 日	提出"支那蚕丝业对策二付建议"
1938 年 4 月	日本在华的海陆军特务部、总领事馆和农林省的三省联络会议制定"中支那蚕丝业卜日本卜ノ调整要领"
1938 年 4 月 21 日	在上海设立中支蚕丝组合
1938 年 7 月 26 日	太湖失陷
1938 年 8 月 10 日	日本方面组织伪政府法人团体,由伪事业部正式制定章程,在上海成立华中蚕丝股份有限公司
1938 年 9 月 29 日	伪维新政府颁布《维新政府实业部丝茧事业临时办法》,成为华中蚕丝股份有限公司统制中国蚕丝业的法律依据
1938 年 10 月 11 日	日本确定《华中蚕丝股份有限会社事业经营方针》
1938 年 11 月 7 日	日本执行对华经济侵略的国策机关"华中振兴股份有限公司"成立
1939 年 3 月	"中支蚕丝组合"并入华中蚕丝股份有限公司
1939 年 4 月	"华中蚕丝股份有限公司"成为"华中振兴股份有限公司"的子公司并接受其管理
1939 年 6 月 13 日	兴亚院华中联络部发布《蚕丝事业统制指导要领》
1939 年 6 月	伪维新政府将江、浙、皖三省的蚕丝管理经营权交给了华中蚕丝股份有限公司

日　期	事　件
1939 年 7 月 15 日	伪维新政府实业部颁布"实业部管理手工制丝业暂行办法"
1939 年 7 月	日本授意伪满政府制定"柞蚕对策纲要"
1939 年 8 月 19 日	"满洲柞蚕株式会社"成立
1939 年 9 月	第二次世界大战爆发
1940 年 6 月 21 日	汪伪政府实业部颁布"小型制丝工场暂行规定"
1940 年 9 月	汪伪政府赋予华中蚕丝公司蚕种制造业、茧行业、机器制造业的独占企业权
1940 年 9 月	日本、德国和意大利签订"日德意三国同盟条约"
1941 年 7 月 26 日	美国宣布"对日本资产冻结令"
1941 年 12 月 8 日	日本偷袭珍珠港,对美、英等国宣战
1943 年 11 月 5 日	华中蚕丝股份有限公司宣告解散
1944 年 5 月 3 日	成立华中振兴股份有限公司的分公司——中华蚕丝股份有限公司
1945 年 8 月 15 日	日本无条件投降,抗日战争胜利
1945 年 9 月 14 日	中华蚕丝股份有限公司被接收
1946 年 11 月	成立抗战期间全国蚕丝业损失调查委员会

附录 2　抗日战争前日本对中国蚕丝业的调研报告

年份	调研(著)者	题　目
1888	井上陈政	清国养蚕详述
1893	上野专一	清国蚕丝及绢布产出ノ地方
1897	高津仲次郎	清国蚕丝业视察报告书
1897	锦户右门	清国茧丝事情:附日本茧丝改良方针
1898	大岛正义	支那原蚕清白养蚕新说
1898	松永伍作	清国蚕业视察复命书
1899	深泽利重	清国蚕丝业视察报告书
1899	本多岩次郎	清国蚕丝业调查复命书
1899	坂本菊松	清国绢织业ニ关スル报告

年份	调研（著）者	题　　目
1899	山内英太郎	清国染织业视察复命书
1899	加藤末郎	清国出张复命书
1899	小此木藤三	清国织物业视察复命书
1900	农商务省商工局	清国绢织物报告
1901	农商务省商工局	清国蚕丝业ニ关スル报告书
1902	松永伍作	柞蚕の既往及び将来
1902	农商务省商工局	清国江苏、浙江两省ニ于ケル蚕业报告书
1903	小田切万寿	清国产柞蚕丝（1）～（3）
1903	坂本菊松	第五回清国绢织物业事情报告
1903	小田切万寿	清国柞蚕丝に关する调查
1903	关贞江	清国浙江省ニ于ケル生茧买卖の情况
1903	峰村喜藏	清国蚕丝业视察复命书
1903	川津弘	清国苏州绢织物买卖の情况
1904	农商物省商工局	清国绢织物调查资料
1904	峰村喜藏	清国蚕丝业大观
1904	坂本菊松	清国ニ于ケル生丝绢织物ノ实况并其企业
1905	谷 环	清国ニ于ケル输入绢织物
1905	八田荣藏	中部支那ニ于ケル织物业
1905	小林伊之助	支那ニ于ケル绢织物
1906		清国扬子江流域视察报告
1906	轰木长	清国に制丝业を起こすの注意（上）（下）
1906	小山久左卫	南清制丝业视察复命书
1906	八田荣藏	南清织物视察复命书
1906	町田菊次郎	满韩蚕丝业调查事项报告书
1906	町田菊次郎	清韩ニ于ケル织物视察复命书
1906	盐谷清大郎	满洲及芝罘ニ于ケル柞蚕制丝业
1906	川崎太一郎	满韩两地ニ于ケル织物视察复命书
1907	渡辺繁三	对清蚕业案（1）～（10）
1908	佐佐木忠次	清国に于る柞蚕业（1）（2）

续表

年份	调研（著）者	题　目
1908	佐佐木忠次	清国山东省の柞蚕业
1908	佐佐木忠次	清国ニ于ケル柞蚕业
1911	高桥伊势次	支那蚕丝业调查复命书
1911	紫藤章	清国蚕丝业一斑
1913	伴幸次	上海ニ于ケル输入绢织物概况
1913	本多岩次郎	朝鲜支那蚕丝业概观
1916	青岛军政署	山东之柞蚕
1916	河西大弥	支那蚕业视察报告书
1917	明石弘	支那四川省蚕业杂话
1917	东亚蚕丝组合	支那蚕丝业调查概要
1917	明石弘	支那の蚕业（1）～（3）
1918	明石弘	支那の蚕业
1918	河合良成	支那蚕丝业の将来
1919	林久治郎	山东茧の生产及取引
1919	安原美佐男	支那の工业と原料　蚕丝，柞蚕，绢织业
1919	上原重美	支那江浙地方に于ける茧取引
1920	支那经济社	支那の蚕丝业
1920	森田三郎	支那の蚕丝业に就て
1920	久根下美贺	久根下技师支那蚕业视察报告书
1921	松下宪三郎	支那制丝业调查复命书
1921	渡辺新五郎	支那生丝
1921	中田丰卫	支那ノ蚕业及机织业
1922	小室荣一	支那蚕丝业对策
1922	鹤见左右吉	支那蚕丝业の发达と日本
1922	大岛正义	支那に对蚕业政策の私见
1922	清水留三郎	蚕丝及绢织物の根本政策を确立する时刻
1922	石坂橘树	日本蚕丝业の将来と对支蚕业方策如何
1922	上田贞次郎	支那开发に对して日本の取る可き策

年份	调研（著）者	题　目
1922	高桥伊势次	蚕丝业の日支亲善を计れ
1922	丹羽四郎	本邦の蚕业と支那の蚕业
1922	久根下美贺	对支蚕业方策
1922	鸟羽久吾	支那蚕丝业の对策
1922	佐藤崎次	支那の蚕丝业に对する觉悟
1922	荒井友吉	世界蚕业推移と日支蚕业将来上.中.下
1922	森田三郎	支那の蚕丝业に就て－森田参事视察报告
1922	农商务省商务部	支那ニ于ケル纺织并锦丝输出入额
1923	长野铃木	支那の蚕丝业に就て
1923	福岛县内务部	蚕丝业视察报告书 支那朝鲜の部
1924	海外起业调查	支那经济界现势 乙－二支那ノ蚕丝业
1924	大阪市役所	支那の蚕丝业と生丝贸易
1924	上原重美	驻支上原参事报告
1925	蚕丝同业组合	支那蚕丝类输出统计
1926	上原重美	四川省蚕丝业视察余记
1927	蚕丝业同业组合	支那四川省の蚕丝业
1927	上原重美	芽ぐめる台湾の蚕业（1）（2）
1928	蚕丝业同业组合	支那养蚕经费の研究（第一报）
1929	蚕丝业同业组合	支那养蚕经费の研究（第二报）
1929	蚕丝业同业组合	支那蚕丝业大观
1929	加藤四郎	支那に于ける养蚕.制丝业の改善问题
1929	上原重美	我が蚕丝业の经济国难と支那蚕丝业
1929	福本福三	支那の蚕丝业
1930	外务省通商局	江浙养蚕业の现状
1930	伊藤斌	支那の蚕丝业
1930	上原重美	昭和五年に于ける支那蚕丝业の情势
1932	中沢干一	台湾の养蚕业（1）～（5）
1932	田中忠夫	支那制丝业の危机とその统制
1935	农林省横滨生丝检验所	上海市场生丝取引规约
1936	小林几次郎	支那蚕丝业の展望

附录3 抗日战争期间日本对中国蚕丝业的调研报告

年份	调研（著）者	题　目
1937	千坂高兴	支那事变与蚕丝问题
1938	兴亚院华中联络部	中支那重要国防资源生丝调查资料
1938	华中蚕丝股份有限公司	苏浙两省的绢织业事情
1938	庆泽吉平	支那蚕丝业の回顾と展望（1）（2）
1938	华中蚕丝股份有限公司	华中蚕种制造场概况
1939	东洋经济新报社	支那蚕丝业の现状と华中蚕业
1939	日本中央蚕丝会	日支蚕丝业の调整と华中蚕丝株式会社
1939	小仓隆	支那に于ける养蚕业
1939	兴亚院华中联络部	中支ニ于ケル生丝流通ニ关スル调查
1939	华中蚕丝股份有限公司	支那蚕丝业と华中蚕丝股份有限公司
1940	日本中央蚕丝会	战时下の支那蚕丝业展望
1940	满铁调查部	无锡工业实态调查报告书——制丝业
1941	日本中央蚕丝会	战时下の支那蚕丝业展望（第二辑）
1941	满铁上海事务所	江苏省无锡县农村实态调查报告书——养蚕
1941	兴亚院华中联络部	中支那重要国防资源生丝调查报告
1941	兴亚院技术部	日支蚕丝业の调整方策
1941	满铁上海事务所	无锡ノ制丝业
1941	小野忍	无锡の制丝业
1941	天野元之助	支那蚕丝业に就ての觉书
1942	小野忍	苏州の纱缎业
1942	兴亚院华中联络部	支那蚕丝贸易事情及现况调查报告
1942	东亚研究所	支那生丝の世界地位
1942	堀江英一	支那制丝业の生产形态
1943	堀江英一	支那蚕丝业的调整政策
1943	小野忍	杭州の绢织物业（上）（下）
1943	堀江英一	支那における茧の流通费用
1943	森泰吉郎	支那蚕丝业经济史论
1943	堀江英一	支那蚕丝业の调整政策
1943	东亚研究所	支那蚕丝业研究
1943	本位田祥男	东亚の蚕丝业
1944	东亚研究所	经济に关する支那惯行调查报告书——蚕丝

附录 4 （汪伪）维新政府实业部管理丝茧事业临时办法

（1938 年 9 月 29 日公布）

第一条　在江苏、浙江、安徽三省及各市区管辖内的有关蚕丝业，属于以下各事业者，可获得实业部长批准开业的执照。

一、蚕种制造业

二、机器制丝业

三、茧行业

有关上项的管理和执照所必须要的事项，按本法令以外的命令办理。

第二条　凡需申请第一条第一项蚕种制造业开业执照者，必须于今年十一月三十日以前，向实业部长提出申请书。在执照申请书中，必须附有以下证明：

一、制造场名称及经营者姓名

二、公司性质及资本额

三、蚕种制造场所及育蚕场所

四、供蚕种制造或育蚕用的建筑物栋数、蚕室数量及其面积，以标准制或市制计算

五、收蚁蚁量及各品种蚕种制造额的预定数

第三条　凡申请第一条第二项机器制丝业的执照者，必须于今年十月三十一日以前，向实业部长提出申请书。在执照申请书中，必须附有以下证明：

一、工厂名称及经营者姓名

二、公司性质及资本额

三、工厂所在地

四、缫丝的种类及数量（釜数及台数）

五、预计一年间的营业天数

六、从业员的种类及人数

七、事业计划概要

八、设备要领

申请执照者必须在申请书中记明工厂是否属自己所有，如非自有而是租赁他人的工厂经营者，必须将租借契约与申请书一并向实业部长提出。

第四条　凡申请第一条第三项茧行开业的执照者,必须于今年十一月三十日以前向实业部长提出申请书。在申请书中应记入以下事项:

一、茧行名称及经营者姓名

二、公司性质及资本额

三、茧行所在地

四、烘茧机的种类及每天的烘茧能力

五、鲜茧交易预计数量(春、夏、秋蚕)

六、预计开业月日

前条(第三条)末项记载事项也适用于茧行。

第五条　实业部长认为符合执照申请时交付营业执照。

第六条　实业部长认为在蚕丝统制上有必要时,可用命令施之。

第七条　按第一条规定应申请执照而未申请且从事该事业者,处一千元以下的罚金。

第八条　应遵守第六条所列的命令者,实业部长可取消其执照。

第九条　本法规定的申请书,可经上述各省建设厅向实业部长提出(南京和上海市区的则由市政府提出)。

第十条　各省建设厅(或政府)在受理申请书时,应附具副申请书,迅速进呈实业部长。

第十一条　各省建设厅,(或市政府)可依照本法规定必要的手续费,但其收费必须事先取得实业部长的承认。

各省市及地方在本法施行前所颁布的各项临时实行办法,在本法实施之日起一律作废。

第十二条　本法于民国二十七年十月一日起颁布实施。

第十三条　本法公布实施后,第一条所载一、二、三各事业经营者应立即于规定日期以前提出申请,超过期限后提出申请者,实业部长不予受理。

附录5　(汪伪)实业部管理手工制丝业暂行办法①

(1939 年 7 月 15 日公布)

第一条　凡以三釜以上之设备经营手工制丝为业者应依照本办法之

---

①　中国第二历史档案馆:2103-302.

规定呈请本省建设厅或主管市政府转请实业部核准注册颁发登记执照方得营业,前项执照之有效期间为一年,但呈请人得于到期前请求换领。

第二条　凡依本办法之规定呈请经营手工制丝业者以有中华民国国籍为限。

第三条　手工制丝除经实业部之特许输出国外者外,限于行销国内。

第四条　凡设备在二十釜以上而有下列各项设备之一者,不得作为手工制丝业。

一、有二釜以上之连结动力者

二、有水汀装置者

三、一釜三绪之缫丝设备者

四、有凯纳尔式或共缫式及类似构造之缫丝设备者。

第五条　经营机械制丝业者不得兼营手工制丝业。

第六条　独资或两人以上合资经营手工制丝业者不得同时经营两个以上手工制丝业,亦不得与其同业合作或使用其厂屋及设备。

第七条　领有手工制丝业执照者,遇原料缺乏时,得呈请实业部丝茧产销管理局转行华中蚕丝公司量予供给。

第八条　经营手工制丝业者呈请注册颁发执照时应填具申请书,载明下列各款事项。

一、名称

二、组织

三、所在地

四、资本

五、出资人姓名、籍贯、住址

六、经理姓名、籍贯、住址

七、商标

八、设备概况

九、原料出处及数量

十、制品种类及数量

呈请换领执照时,须添列营业概况一项。

如系公司组织者,于第一项所列事项外,须将公司之种类、创办人与股东之姓名籍贯住址及其认股数目一并开列。

第九条　请领或换领执照须随文缴纳执照费每釜二元。

第十条　实业部对于手工制丝业之管理,除本办法规定者外,得随时以命令行之。

第十一条　手工制丝业方法,实业部得随时派员查考,如认为有改良必要时,得命令饬改良之。

第十二条　凡未经领得本办法第一条所规定之执照而营业者处五万以下之罚金,其在本办法以前已经营业者应于本办法公布后一个月内呈请注册,逾期作不领执照营业者论。

第十三条　凡违犯本办法第二、第三、第四、第五各条之规定或不遵守第九条规定之命令者,实业部得吊销其执照。

第十四条　本办法自公布之日执行。

附录6　(汪伪)工商部管理小型制丝工场暂行规则

(1940 年 6 月 21 日公布)

第一条　凡经营小型制丝工场者,应依照本规则之规定,呈请主管建设厅或市政府,转请工商部核准注册,颁发执照,始得营业。

第二条　凡依本规定之规定,呈请经营小型制丝工场者,以有中华民国国籍为限。

第三条　小型制丝工场所缫之丝,除经工商部特许输出外,限于行销国内。

第四条　凡小型制丝工场之设备,应以旧式木车为主,唯关于增加生产及改良出品,得采用机械。但每一工场设备,不得超过二十釜。

第五条　经营大规模之机械制丝厂者,不得兼营小型制丝工场。

第六条　独资或两人以上合资经营小型制丝工场,不得同时经营两个以上之小型制丝工场,亦不得与其他同业合作,或用厂屋及设备。

第七条　各省市小型制丝工场全体之釜数,不得超过本省市所有大规模机械制丝场釜数之总数。如超过时,工商部得随时禁止该省市小型制丝工场之增设。

第八条　各省市小型制丝工场收购原料时,应遵守各项管理收茧办法。购茧价格,不得违反茧价评定委员会之公定价格。

第九条　经营小型制丝工场者,呈请颁发执照时,应填具申请书,载明下列各款:

一、牌号

二、所在地

三、组织

四、资本

五、股东姓名、籍贯、住址及认股数额

六、经理姓名、籍贯、住址

七、商标

八、设备概况

九、原料出处及数量

十、制品种类及数量

如呈请换领执照时,应将营业概况详予填列。

第十条　请领及换领执照时,须随文缴纳执照费每釜国币二元。

第十一条　凡未经领得执照而营业者,得处以五百元以下之罚金,仍应补领执照。

第十二条　小型制丝工场,每月终应将下列事项呈报主管官署及丝茧运销管理局。

一、购茧数量

二、制丝数量

三、存茧数量

四、存丝数量

五、运销地点及出售时之收买人

第十三条　小型制丝工场运销制丝时,应将下列各项呈报主管官署及丝茧运输管理局。

一、数量

二、售价或预定售价

三、收买人或预约收买人

四、起运地点

五、运往地点

第十四条　违反本规则各项之规定者,得处五百元以下之罚金,并吊销执照。

第十五条　本规则于必要时,得由工商部随时修改;以命令公布之。

第十六条　本规则自公布之日施行。

(资料来源:工商公报(第7号),1940-07-15)

附录7　华中蚕丝股份有限公司章程

第一章　总则

第一条　本公司依照公司法股份有限公司之规定组织之,定名为华中蚕丝股份有限公司(日名:华中蚕丝株式会社)。

第二条　本公司在华中区域内经营下列事业:

1. 机制蚕丝事业之经营

2. 蚕种之制造及分配

3. 关于蚕茧之新法加工事业

4. 关于所需要土丝之买卖

5. 与上项有关之附属事业

第三条　本公司设本店于上海,并设分店于必要之处.

第四条　本公司资本总额定为日金捌百万元。

第五条　本公司之公告方式以登载于政府公报及中外商业新闻。

第二章　股份

第六条　本公司股份分为拾陆万股,每股金额为日金五拾圆。

第七条　本公司之股票分为一股、五股、十股、百股、千股五种,均用记名式。

第八条　本公司之股份分为现物作资及现金出资两部分:

1. 现物作资部分总计日金二百万元合为四万股一次缴足

2. 现金资本部分总计日金六百万元合为十二万股

第九条　本公司现金资本部分第一次股款每股先收日金贰拾伍圆,得视事业之需要再缴第二次股款,其金额日期及方式由董事会之决议定之,但须在三十日以前通知各股东。

第十条　各股东如于规定缴款期内未将股款缴足时,则就其应缴之股款于逾期之次日起算至缴付之日止每日征收万分之四之滞纳金(即日金每百圆之四钱)。

第十一条　股东如因转让、承继及其他原由须为股票之过户或损毁及变更股票种类,请求调换新股票时,应依照本公司所定格式填具申请书,连同原股票及手续费分别署名加盖印鉴向本公司提出。前项过户手续费每件日金十钱,调换新股票每件日金五十钱。

第十二条　股票如有失减及其他原因请求补发新股票时，应将其详细事由用书面向本公司报告，并须觅具两人以上之妥实保证具保，向本公司请求补发新股票。前条之请求经本公司三月以上之公告，并无第三者提出异议时，得补发新股票。其所有费用均归请求人负担其新股票之发给手续费与前条同。

第十三条　股东或其法定代理人应将其姓名、住址、印鉴式样预送本公司存照，其有变更时亦同。

第十四条　每届定期股东大会前一个月内停止股票过户。

除前项规定外如认为必要时亦得先公告停止股票之过户。

第三章　股东会

第十五条　本公司定期股东大会于每年四月举行之，临时大会则于必要时由董事长召集举行之。

第十六条　股东大会开会时以董事长（即社长）为主席，董事长因事不能出席或缺席时，由副董事长（即副社长）代理之，副董事长因事不能出席或缺席时，由董事中另推一人为主席。股东大会之主席仍得以股东之资格行使其表决权。

第十七条　股东大会之表决权为每股一权。

第十八条　股东大会之决议以出席股东之表决权过半数之同意行之可否，同数时取决于主席。

第十九条　股东大会须备议事录，详载会议事项之各要点，并由主席及出席股东两人以上之签名盖章于议事录上。

第二十条　股东或法定代理人得出具委托书，加盖与留存本公司同样之印鉴，委托本公司其他股东为代表出席股东会行使其表决权。

第四章　董事及监察人

第二一条　本公司设董事五人以上，监察两人以内。

第二二条　董事及监察人由股东大会就十股以上之股东选任之。

第二三条　董事任期三年，监察人任期一年，但任期届满时迄继任人未就职前仍得继续延长之。

第二四条　由股东大会于董事中推选董事长一人，副董事长一人，常务董事三人。

第二五条　董事长为公司代表并为董事会主席综理本公司重要业务；副董事长襄助董事长办理公司事务，董事长因事缺席或缺员时则代行其职务；常务董事协助正副董事长处理公司日常事务，在董事长、副董事长因事缺席或缺员时则代行其职务,监察人监察本公司之业务。

第二六条　董事会由董事长、副董事长及组织之决议关于公司业务上之重要事项;董事会由董事长召集之,其决议事项以出席董事过半数之同意行之可否,同数时取决于主席。

第二七条　董事、监察人之报酬及津贴以股东大会决定之。

第五章　会计

第二八条　本公司之营业年度为每年四月一日起至翌年三月三十一日止。

第二九条　本公司每届决算期所有收益总数除去各项费用即本公司之纯益。

第三十条　本公司之纯益依照下列分配之:

1. 法定公积金百分之十以上

2. 职员退职金与公积金百分之一以上

3. 董事、监察人酬劳百分之五以内

4. 将纯益金加入前期滚存金除去上列三项之金额所剩之余额分配于各股东,或为特别公积金,或为转入下其滚存金

第三一条　本公司股东之纯利分配按照每年三月三十一日在股东名簿当时登记之股东分配之。

前项支付日期及地点由董事长决定之通知并公告各股东。

第六章　附则

第三二条　本公司之创立费用以日金壹万圆为限。

第三三条　本公司第一届之董事任期以第三次定期股东大会终了时为止,第一届之监察人任期以第一次定期股东大会终了时为止。

第三四条　本公司发起人之姓名、住址及认股数目如下:

姓　名	住　址	认　股　数
今井五介	东京市京桥区京桥2-3	115900
铃木格三郎	青岛奉天路80	2000
平野吉左卫门	京都府绫部町	1000
石村实	上海北四川路	1000
塙雄太郎	上海四川路	20
田中勘次	上海九江路	20
森要一	上海北四川路	20
武田鸿吉	上海北四川路	20
维新政府实业部	上海北四川路	36845
日华兴业株式会社	百利南路	20
杨高百	无锡	20

资料来源：国家第二历史档案馆，第2103卷宗，第231号.

附录8　华中蚕丝股份有限公司主要股东一览表

日　方			华　方		
股东名号	种类	股数	股东名号	种类	股数
华中振兴公司	现金	40000	振艺丝厂	实物	3803
片仓制丝纺织公司	同上	20170	鼎昌丝厂	同上	3520
郡马制丝公司	同上	11000	江苏农民银行第二仓库	同上	3015
钟渊纺织公司	同上	9000	永裕丝厂	同上	2501
帝国蚕丝仓库纺织公司	同上	3750	禾丰丝厂	同上	2386
长野县养蚕业合作社	同上	2511	鼎盛丝厂	同上	3169
长野县制丝业合作社	同上	2030	永盛丝厂	同上	3169
其他	同上	51319	崇裕丝厂	同上	2447
瑞丰丝厂	实物	3117	其他	同上	33987
			其他	现金	210
合计		142907	合计		57093

资料来源：中国第二历史档案馆.中华民国史档案资料汇编（第5辑，第2编，附录（下）).南京：江苏古籍出版社，1997：1087.

附录9　华中蚕丝股份有限公司营业执照

登记执照

中华民国维新政府实业部　为

发给执照事兹据华中蚕丝股份有限公司

依据公司法呈请登记前来业经查核

相符应予照准合行签给执照须

至执照者

计开

公司名称　华中蚕丝股份有限公司

营业种类　缫制蚕丝事业之经营　兼营制造与分配蚕蒲之新丝及丝绵之贩买及有关各种附属事业

本店所在地　上海

支店所在地

资本总额　日金八百万圆

部长　王子惠

次长　沈能毅

工商司长　竺馥卿

右照给　华中蚕丝股份有限公司收执

中华民国二十七年八月十日

工字第大号

附录 10　华中蚕丝股份有限公司在上海的办公大楼

附录 11 华中蚕丝股份有限公司侵占制丝工厂一览

（1938 年 11 月 20 日）

丝厂号数	营业许可证号	工厂名	既往名称	地址	釜数	职员工数	备注
江第 1 丝厂	沪字第 6 号	润康	乾昶第一	无锡南沧门	208	617	开工
江第 2 丝厂	沪字第 7 号	大生	天经	无锡金钩桥	208	691	开工
江第 3 丝厂	沪字第 8 号	振艺	同上	无锡清名桥	540	1645	开工
江第 4 丝厂	沪字第 9 号	福纶	乾昶第二	无锡庙巷桥	248	687	256 釜开工、向鼎盛转移 112 釜、向宏余转移 172 釜
江第 5 丝厂	沪字第 10 号	鼎盛	瑞昌第一	无锡北新桥	420	949	从五丰转来 100 釜、从振艺转来 112 釜、从森明转来 60 釜、共 592 釜开工
江第 6 丝厂	沪字第 11 号	振元	同上	无锡南塘	256	816	从森明转来 406 釜、从泰孚转来 56 釜、计 252 釜开工
江第 7 丝厂	沪字第 12 号	宏余	瑞昌永	无锡亭子桥	276	826	从宏绪转来 100 釜、从振艺转来 172 釜、计 548 釜开工
江第 8 丝厂	沪字第 13 号	禾丰	大成	无锡龙船滨	360	974	开工
江第 9 丝厂	沪字第 14 号	鼎昌	同上	无锡通洋桥	512	1580	开工
江第 10 丝厂	沪字第 15 号	华福	恒利	苏州共同租界外觅渡桥	220	644	开工
江第 11 丝厂	沪字第 16 号	苏州	同上	苏州日本租界	360	918	开工
江第 12 丝厂	沪字第 17 号	嘉泰	乾昶第二	无锡缘塔路	304	928	开工
江第 13 丝厂	沪字第 18 号	永裕	同上	无锡羊腰湾	240	657	
江第 14 丝厂	沪字第 19 号	五丰	乾生第二	无锡北新桥	100	280	向鼎盛转移
江第 15 丝厂	沪字第 20 号	宏绪	瑞昌永	无锡亭子桥	100	280	向宏余转移

丝厂号数	营业许可证号	工厂名	既往名称	地址	釜数	职员工数	备注
江第16丝厂	沪字第21号	泰孚	同上	无锡塔潭桥	100	280	向振元转移56釜
江第17丝厂	沪字第22号	森明	泰昌	无锡跨塘桥	100	280	向鼎盛转移60釜、向振元转移40釜
江第18丝厂	沪字第23号	永泰	同上	无锡知足桥	340	1048	
江第19丝厂	沪字第24号	永盛	同上	无锡亭子桥	200	778	
江第20丝厂	沪字第25号	乾生	乾生	无锡羊湾桥	100	280	
江第21丝厂	沪字第26号	华新制丝养成所	华新	无锡姚藏滨	200	953	
江第22丝厂	沪字第27号	中兴	南昌	无锡县南桥镇	160	436	
江第23丝厂	沪字第28号	广成永	兴胜	无锡县广勤路长丰桥	100	280	
江第24丝厂	沪字第29号	九星	同上	无锡县	100	280	
江第25丝厂	沪字第30号	宏纶	同上	无锡县梅棋镇	100	280	
江第26丝厂	沪字第31号	盈绪	同上	无锡县东亭镇	100	280	
江第27丝厂	沪字第32号	协丰	同上	无锡县洛社	100	280	
江第28丝厂	沪字第33号	江苏改良制丝所	同上	苏州共同租界	256	717	
计					6210	18664	计江苏省12工厂4168釜开工
浙第1丝厂	沪字第34号	杭州	同上	杭州东街路405	240	620	开工
浙第2丝厂	沪字第35号	长安第一厂	同上	海宁县长安镇	288	580	开工
浙第3丝厂	沪字第36号	纬成	同上	杭州池塘巷	300	600	从公利转来128釜、从利农改良转来100釜、从天纶转来100釜、从开源转来100釜、从惠纶转来72釜，计800釜开工

续表

丝厂号数	营业许可证号	工厂名	既往名称	地址	釜数	职员工数	备注
浙第 4 丝厂	沪字第 37 号	双山	同上	海宁县硖石镇	232	615	开工
浙第 5 丝厂	沪字第 38 号	大顺一厂	同上	异兴县湖桥大通桥	240	627	
浙第 6 丝厂	沪字第 39 号	祥纶	同上	杭州塘栖镇武林头	200	570	
浙第 7 丝厂	沪字第 40 号	崇裕	同上	杭州塘栖镇石灰桥	260	638	全部转移至长安第二厂
浙第 8 丝厂	沪字第 41 号	开源	同上	杭州城外观音余桥杭塔	100	228	全部向纬成转移
浙第 9 丝厂	沪字第 42 号	大顺二厂	同上	吴兴县南浔镇	130	280	
浙第 10 丝厂	沪字第 43 号	福兴	同上	嘉兴北门外杉青闸	240	627	开工
浙第 11 丝厂	沪字第 44 号	公利	同上	德清县新市镇海沙滩	128	280	全部向纬成转移
浙第 12 丝厂	沪字第 45 号	惠纶	同上	杭州城外祥符桥	100	248	向纬成转移 72 釜、向秀纶转移 28 釜
浙第 13 丝厂	沪字第 46 号	长安第二厂	同上	海宁县长安县海杭线长安驿	100	248	从崇裕转来 260 釜,计 360 釜开工
浙第 14 丝厂	沪字第 47 号	华福	华纶	杭县塘栖镇王家巷	240	627	
浙第 15 丝厂	沪字第 48 号	泰纶	同上	吴兴县双林镇	150	350	向秀纶转移 136 釜
浙第 16 丝厂	沪字第 49 号	葛溪	同上	杭县塘栖镇外海卸村	264	642	
浙第 17 丝厂	沪字第 50 号	秀纶	同上	嘉兴南门外五龙桥	100	228	从泰纶转来 136 釜、从惠纶转来 28 釜,计 264 釜开工
浙第 18 丝厂	沪字第 51 号	利农改良	同上	德清县新市西村漾	100	228	全部向纬成转移

丝厂号数	营业许可证号	工厂名	既往名称	地址	釜数	职员工数	备注
浙第 19 丝厂	沪字第 52 号	大纶		杭县塘西镇外新桥	200	570	
浙第 20 丝厂	沪字第 53 号	天纶		德清县城南门外	100	228	全部向纬成转移
浙第 21 丝厂	沪字第 54 号	崇德		崇德县城	120	250	
浙第 22 丝厂	沪字第 55 号	泰来		海盐县城	200	580	
浙江省小计				22 工厂	4038	9864	计浙江省 7 工厂 2424 釜开工
上第 1 丝厂	沪字第 3 号	日新改良	宝泰	上海沪西龙华	300	893	
上第 2 丝厂	沪字第 4 号	裕泰		上海闸北潭子湾	200	584	开工
上第 3 丝厂	沪字第 5 号	新昌		上海闸北柳营路	208	632	开工
上海市小计					708	2109	计上海市 2 工场 408 釜开工
江浙沪合计		53 工厂			10956 釜		合计 21 工场 7000 釜开工

资料来源:渡边辖二主编《华中蚕丝股份有限公司沿革史》,华中蚕丝公司,1944 年 9 月初版,东京: 湘南堂书店,1993 年再版,第 57—59 页。

157

附录 12　华中蚕丝股份有限公司侵占蚕种制造场一览

（1938 年 12 月 3 日）

场　别	名　称	地　址	房间数	蚕种制造能力（万张）
江第 1 制造场	三元	吴县浒墅关下塘公园路	87	6
江第 2 制造场	国华	吴县浒墅关下塘街	22	1
江第 3 制造场	永新	吴县浒墅关塘公园东首	32	2.5
江第 4 制造场	壬戌馆	吴县浒墅关塘公园东首	37	3
江第 5 制造场	大有一场	吴县浒墅关塘公园东首	55	4
江第 6 制造场	天远	吴县浒墅关上塘宜桥头	44	4
江第 7 制造场	虎曦	吴县浒墅关毛家弄	30	1.5
江第 8 制造场	于园	吴县浒墅关毛家弄	29	1
江第 9 制造场	大有总场	吴县浒墅关巷桥头	56	1
江第 10 制造场	浒墅关	吴县浒墅关上塘	54	3
江第 11 制造场	合兴	吴县光福镇迁里	26	1
江第 12 制造场	惠民	吴县黄埭镇	46	2
江第 13 制造场	求生	吴县黄里桥	40	0.5
江第 14 制造场	效华	吴县味求山	18	0.5
江第 15 制造场	培生馆	吴县葛百户巷	28	0.5
江第 16 制造场	东吴	吴县钱万桥	22	2
江第 17 制造场	菂溪	吴县葑门内阔家头巷	26	4
江第 18 制造场	钱桥蚕试	无锡钱桥	60	2
江第 19 制造场	无锡蚕检	无锡西门外	50	0.5
江第 20 制造场	丰年	无锡县高车渡	47	3.7
江第 21 制造场	翼农	无锡县严家桥镇	63	3
江第 22 制造场	永生	无锡县北坊前镇	44	4.7
江第 23 制造场	舜耕	无锡县张舍镇新庄	41	3

场　别	名　称	地　址	房间数	蚕种制造能力（万张）
江第 24 制造场	福安	无锡县藕塘桥镇张高漕	26	0.6
江第 25 制造场	永吉	无锡县张舍镇	21	2
江第 26 制造场	中兴	无锡县北西漳	37	3.2
江第 27 制造场	永泰	无锡县钱桥镇	110	4.5
江第 28 制造场	双利	无锡县秦巷镇杨家圩	30	0.8
江第 29 制造场	后宅	无锡县后宅镇河北	30	0.2
江第 30 制造场	先明	无锡县南门外蠡桥镇	11	1.1
江第 31 制造场	利农	无锡县开花乡吴塘门镇	14	0.9
江第 32 制造场	光明	无锡县西水关	18	1
江第 33 制造场	三五馆	无锡县旺庄	151	1.7
江第 34 制造场	志成	无锡县周桥	21	2
江第 35 制造场	裕农	无锡县莳庄	27	1
江第 36 制造场	求新	无锡县北西漳	27	2
江第 37 制造场	锡山	无锡县江溪桥桐冈桥	56	2
江第 38 制造场	三乐	无锡县北坊前	26	1.9
江第 39 制造场	泾滨	无锡县张泾桥	26	1.3
江第 40 制造场	兴华	无锡县张泾桥	30	1.3
江第 41 制造场	豫农	无锡县张泾桥	20	1.1
江第 42 制造场	大生	无锡县梅村	58	2.5
江第 43 制造场	如意馆	无锡县寨门	14	2
江第 44 制造场	益友	无锡县安镇	43	2.7
江第 45 制造场	大福	江阴县长泾	103	5
江第 46 制造场	永益	江阴县马镇	35	3.5
江第 47 制造场	丰年第二	江阴县马镇	89	1.5
江第 48 制造场	工友	武进县余巷镇	12	0.5
江第 49 制造场	振华	武进县通江乡	11	1
江第 50 制造场	振华第一分场	武进县积惜州	13	1

续表

场　别	名　称	地　址	房间数	蚕种制造能力（万张）
江第 51 制造场	双全	武进县毛家桥	23	0.7
江第 52 制造场	中南	武进县戴溪桥	15	1
江第 53 制造场	三山	武进县后塘桥	18	1
江第 54 制造场	三山分场	武进县城中大观路	10	0.5
江第 55 制造场	天生	武进县椿桂坊	15	1
江第 56 制造场	镇金第二	金瑭县城内西桥巷	15	1
江第 57 制造场	镇江改良会	丹徒县镇江四摆渡	60	4
江第 58 制造场	光华	丹徒县镇江城内药师巷	13	1.2
江第 59 制造场	永安	丹徒县镇江黄虚镇	37	2.5
江第 60 制造场	永丰	丹徒县镇江顺江乡大沙	76	4
江第 61 制造场	江东	扬中县扬中镇海庵	36	2
江第 62 制造场	南京改良会蚕试	南京太平门外	40	2
江第 63 制造场	扬州原	扬州五台	60	3
江第 64 制造场	女子蚕校	吴县浒墅关	70	1
江第 65 制造场	改良会	吴县苏州洋关灯草桥	42	2
江第 66 制造场	省立农校	吴县苏州间门外下津桥	40	1
江第 67 制造场	天元	吴江县吴江西门外	23	1
江第 68 制造场	友声	吴江县南门外	34	4
江第 69 制造场	大有四场	吴县望亭镇金鸡心	18	1
江第 70 制造场	大有七场	吴县苏州乌鹊桥弄	44	2
江第 71 制造场	大有齐门分场	吴县齐门外横桥	19	1
江第 72 制造场	乃宜滨	常熟县乃宜浜	20	0.7
江第 73 制造场	新华	无锡县堰桥	19	2.5
江第 74 制造场	新孚	宜新县和桥	37	1
江第 75 制造场	明溪	宜新县漕桥	34	0.7
江第 76 制造场	宜兴益农	宜新县徐舍	33	0.5
江第 77 制造场	大有六场	宜新县芳桥	58	1

场　别	名　称	地　址	房间数	蚕种制造能力（万张）
江第 78 制造场	大有六第二分场	宜新县王茂公桥	16	1
江第 79 制造场	大有六校东分	宜新县芳桥名材	46	1
江第 80 制造场	丹阳农校	宜新县西门	10	1
江第 81 制造场	镇江明明验	丹徒县镇江四摆渡	104	6
江第 82 制造场	镇江益民	丹徒县镇江四摆渡	135	8
江第 83 制造场	镇江新益民	丹徒县镇江四摆渡	70	2
江第 84 制造场	镇江裕民	丹徒县镇江四摆渡	135	6
江第 85 制造场	镇江裕民分	丹徒县镇江四摆渡	50	3
江第 86 制造场	镇江世芳	丹徒县镇中山桥	66	3
江第 87 制造场	本立	丹徒县镇黄墟镇	30	2
江第 88 制造场	均益	丹徒县镇高资炭渚	145	3
江第 89 制造场	瑞昌	句容县桥头镇	111	6
江第 90 制造场	三益	句容县桥头镇	125	8
江第 91 制造场	永泰	句容县桥头镇	236	11
江第 92 制造场	永泰东分	句容县桥头镇	34	5
江第 93 制造场	咸年	溧阳县大营巷	30	1
江第 94 制造场	太平	南京太平门外	30	1
江第 95 制造场	明明尧化门分	江宁县尧门外	31	1
江苏省小计				216.3
浙第 1 制造场	西湖	杭市拱埠西严家桥	35	8
浙第 2 制造场	公益	杭市太平门刀茅巷 60	48	4
浙第 3 制造场	希成	杭市拱埠武林路 62	37	3
浙第 4 制造场	大咸	杭市湖墅霞湾巷吴家	52	2
浙第 5 制造场	普利	杭市清泰门外池家桥	17	2
浙第 6 制造场	东南	杭市拱埠登云桥下	37	2
浙第 7 制造场	公益分社	杭市拱埠严家巷七三	30	2
浙第 8 制造场	大有第三场	嘉善县王店独龙桥	28	6

日本侵华时期对中国蚕丝业的统制与资源掠夺

场 别	名 称	地 址	房间数	蚕种制造能力（万张）
浙第9制造场	新善	嘉善县嘉善南门外盐典塘	15	3
浙第10制造场	武塘第一	嘉善县城区	10	1.7
浙第11制造场	凤亭	杭县留下镇	29	5
浙第12制造场	梅园	海宁县峡石塘北三里亭	30	5
浙第13制造场	武塘第二	嘉善县西塘	14	3
浙第14制造场	蚕桑	杭市古荡	15	1
浙第15制造场	嘉兴蚕种场	嘉兴东门外舟里街	40	4
浙第16制造场	蚕桑总场	杭市留下镇小和山	40	4
浙第17制造场	西湖冷冰厂	杭市武林门外		10、15（冷藏能力）
浙第18制造场	华盛	杭市艮山门外焦家桥	17	2
浙第19制造场	西溪	杭市留下金山镇	15	2
浙第20制造场	三五馆	杭市七堡	18	3
浙第21制造场	新光	杭市拱埠汽车站	20	4
浙第22制造场	振华	海宁县许村	20	3.5
浙第23制造场	新兴	嘉兴县东门外盐仓桥	15	2
浙第24制造场	新兴分场	嘉兴县东门外盐仓桥	15	2
浙第25制造场	寅华	嘉兴县北门外顾家浜	15	2
浙第26制造场	新匦	嘉兴县新塍东栅	20	3
浙第27制造场	兴农	嘉兴县新塍西栅	15	2
浙第28制造场	顺兴	嘉兴县北迁门外月河	15	2
浙第29制造场	秀州	嘉兴县秀州	10	1
浙第30制造场	明明分场	嘉兴县舟里街	20	4
浙第31制造场	新发	嘉兴县新社市	15	2
浙第32制造场	兴明	海宁县王店东市白塔堰	15	2
浙第33制造场	崇德	崇德县同福乡福庆寺	15	2
浙第34制造场	天宝	杭县三墩镇	15	2
浙江省小计				121.2
总 计				337.5

资料来源：渡边辑二.华中蚕丝股份有限公司沿革史.华中蚕丝公司,1944年9月初版,东京：湘南堂书店,1993年再版:60—67.

附录 13　华中蚕丝股份有限公司侵占茧行一览

（1938 年 12 月 3 日）

编　号	名　称	所　在　地	烘 灶 数	鲜茧收购能力（担）
江第 1 茧行	保大	吴县木渎镇东街	双 10	1800
江第 2 茧行	信大	吴县胥口镇	双 14	1920
江第 3 茧行	永丰	吴县善人桥镇	带川式 8	3000
江第 4 茧行	公兴利	吴县西津桥	带川式 10	1230
江第 5 茧行	公大	吴县香山郁社村	带川式 10	1650
江第 6 茧行	益大	吴县香山舟山桥	带川式 10	1650
江第 7 茧行	久大	吴县光福镇	带川式 8	1950
江第 8 茧行	福大	吴县光福镇	带川式 8	1800
江第 9 茧行	实丰	吴县东渚镇	带川式 10	1950
江第 10 茧行	同徐	吴县向街镇	带川式 10	1900
江第 11 茧行	张泰昌	吴县望亭镇	带川式 10	1200
江第 12 茧行	公泰	吴县后巷桥	双 14	1440
江第 13 茧行	大成鑫	吴县横泾镇	双 10	1500
江第 14 茧行	协昌	吴县横泾浦庄	双 8	1650
江第 15 茧行	瑞昶	吴县横泾右塘	8	1200
江第 16 茧行	裕茂	吴县洞庭东后山山趾村	双 12	1050
江第 17 茧行	东惠和	吴县洞庭东前山渡水桥	双 12	840
江第 18 茧行	惠和	吴县洞庭东前山板橙村	双 8	740
江第 19 茧行	大成	吴县洞庭西山镇	双 6	520
江第 20 茧行	瑞大	吴县洞庭西山堂里乡	双 12	1050
江第 21 茧行	丰大	吴县洞庭西山后堡	双 10	1080
江第 22 茧行	衡大	吴县洞庭西山后堡	双 12	960
江第 23 茧行	日新	吴县洞庭西山弯里	双 6	720
江第 24 茧行	怡和永	吴县	带川式 1	450

续表

编　号	名　称	所 在 地	烘 灶 数	鲜茧收购能力（担）
江第 25 茧行	蚕联合作社	吴县光福镇永安桥	大和 3、光式 1	900
江第 26 茧行	瑞丰	吴县苏州日本租界	带川式 6	4300
江第 27 茧行	大秦	常熟羊尖	双 6	600
江第 28 茧行	纬成茧厂	吴江县第七区天亮浜	大和 3、光式 1	1400
江第 29 茧行	墟合作社	吴江县第七区扇墟庙乡	大和 3、光式 1	1600
江第 30 茧行	通利	昆山县宇字十一圆	双 6	1200
江第 31 茧行	大同	太仓县南郊镇	双 3	600
江第 32 茧行	徐昌	无锡县南门外北长街	双 8	960
江第 33 茧行	春源	无锡县南水仙	双 4	480
江第 34 茧行	人和	无锡县南上塘	双 16	1900
江第 35 茧行	平和	无锡县清名桥	双 8	960
江第 36 茧行	江洽盛	无锡县西新桥	双 8	960
江第 37 茧行	同福昌	无锡县南门外棉花巷	双 6	720
江第 38 茧行	裕源	无锡县扬名乡南桥	双 6	720
江第 39 茧行	南昌	无锡县扬名乡南桥	双 7	840
江第 40 茧行	恒泰源	无锡县扬名乡南桥	双 12	1440
江第 41 茧行	中和	无锡县扬名乡吉巷浜	双 8	1020
江第 42 茧行	大昌	无锡县扬名乡中桥	双 4	480
江第 43 茧行	同昌	无锡县扬名乡北桥	双 8	960
江第 44 茧行	裕昌祥	无锡县扬名乡同新镇	双 10	1200
江第 45 茧行	陆顺昌	无锡县扬西乡吴陆巷	双 6	740
江第 46 茧行	华盛	无锡县扬西乡夏家边	双 8	960
江第 47 茧行	德大昌	无锡县扬西乡高车渡	双 5	600
江第 48 茧行	华昌	无锡县扬西乡米角峰	双 8	960
江第 49 茧行	聚昌	无锡县扬西乡陆店桥	双 8	960
江第 50 茧行	钱敦厚	无锡县南门外善念桥	双 12	1440
江第 51 茧行	寿康	无锡县开化乡同潭桥	双 4	480

编　号	名　称	所　在　地	烘　灶　数	鲜茧收购能力（担）
江第 52 茧行	春和	无锡县开化乡板桥镇	双 10	1200
江第 53 茧行	公泰丰	无锡县开化乡同潭桥	双 12	1440
江第 54 茧行	隆昌生	无锡县开化乡方桥镇	双 7	840
江第 55 茧行	永泰昌	无锡县开化乡石塘镇	双 20	2400
江第 56 茧行	公泰昌	无锡县开化乡南坊镇	单 16	960
江第 57 茧行	裕昌	无锡县开原乡藕塘桥	单 12	1440
江第 58 茧行	礼昌	无锡县开原乡钱桥镇	单 11	1320
江第 59 茧行	徐公兴	无锡县开原乡大徐巷	单 8	960
江第 60 茧行	有成	无锡县富安乡张舍镇	单 4	480
江第 61 茧行	其恒	无锡县富安乡大鸿桥	单 10	1320
江第 62 茧行	永昌	无锡县富安乡张保桥	单 12	960
江第 63 茧行	其隆	无锡县富安乡新渎桥	单 8	480
江第 64 茧行	德盛	无锡县富安乡胡康镇	单 10	1200
江第 65 茧行	永泰和	无锡县富安乡新淏桥	单 14	1680
江第 66 茧行	锦记	无锡县富安乡新淏桥	双 8	960
江第 67 茧行	榕大	无锡县富安乡稍塘桥	双 14	1680
江第 68 茧行	协成	无锡县万安乡施家宕	单 12	720
江第 69 茧行	隆昌	无锡县万安乡莳庄镇	单 16	960
江第 70 茧行	世昌裕	无锡县万安乡墅园	单 16	960
江第 71 茧行	益源	无锡县万安乡洛社	单 12	720
江第 72 茧行	源泰	无锡县万安乡洛社	单 16	960
江第 73 茧行	仁昌	无锡县万安乡洛社	单 16	960
江第 74 茧行	洽源	无锡县万安乡张镇桥	单 16	960
江第 75 茧行	泰昌二	无锡县万安乡新开河	单 16	960
江第 76 茧行	福昌	无锡县万安乡孙巷	单 16	960
江第 77 茧行	通义	无锡县万安乡西潭镇	单 12	720
江第 78 茧行	泰昌	无锡县万安乡下塘西庄	单 8	960

编号	名称	所在地	烘灶数	鲜茧收购能力（担）
江第 79 茧行	协成	无锡县万安乡盈桥西	单 16	960
江第 80 茧行	公和	无锡县万安乡高明桥	单 16	960
江第 81 茧行	谦复泰	无锡县青城区礼念桥	单 14	840
江第 82 茧行	源和	无锡县青城区新桥头	单 20	1200
江第 83 茧行	永丰昌	无锡县青城区玉祁镇	单 20	1200
江第 84 茧行	成昌	无锡县青城区前洲镇	单 14	840
江第 85 茧行	恒泰	无锡县青城区前洲镇	单 14	840
江第 86 茧行	保昌	无锡县青城区前洲镇	单 12	720
江第 87 茧行	协昌	无锡县青城区龚家旦	单 6	360
江第 88 茧行	礼社合作社	无锡县青城区礼社镇	今村式 1	1800
江第 89 茧行	振丰	无锡县青城区南双庙冯巷	单 12	720
江第 90 茧行	永益	无锡县青城区石潼头	单 20	1200
江第 91 茧行	永仁	无锡县青城区玉祁镇黄巷	单 16	960
江第 92 茧行	通和祥	无锡县青城区北七房镇	单 18	1080
江第 93 茧行	志新	无锡县天上区胡家渡	单 4	240
江第 94 茧行	兴昌	无锡县天上区姑亭庙	单 12	720
江第 95 茧行	公余	无锡县天上区卫家巷	单 24	1440
江第 96 茧行	公盛隆	无锡县天上区寺头镇	单 20	1200
江第 97 茧行	中和	无锡县天上区堰桥镇	单 16	960
江第 98 茧行	合兴	无锡县天上区张村	单 8	480
江第 99 茧行	陞昌	无锡县天上区姑亭庙	单 16	960
江第 100 茧行	永泰丰	无锡县天上区西河头	双 16	1920
江第 101 茧行	利民	无锡县天上区庵桥	双 6	720
江第 102 茧行	增源	无锡县天下区东房桥	双 8	960
江第 103 茧行	协昌	无锡县天下区八士桥	双 8	960
江第 104 茧行	鸿顺	无锡县天下区严塘	双 8	960
江第 105 茧行	协兴	无锡县天下区南村头	双 6	720

编号	名称	所在地	烘灶数	鲜茧收购能力（担）
江第 106 茧行	盈仪	无锡县天下区长安桥	双 8	960
江第 107 茧行	永丰	无锡县天下区计塘桥	双 8	960
江第 108 茧行	新德	无锡县天下区大成巷	双 8	720
江第 109 茧行	公兴顺	无锡县天下区长冈	单 12	720
江第 110 茧行	苏格利记	无锡县怀上区三霸桥	双 6	720
江第 111 茧行	同和	无锡县怀上区张泾桥	双 10	1200
江第 112 茧行	顾东新	无锡县怀上区戴店	双 10	1200
江第 113 茧行	恒和	无锡县怀上区张缪舍	烘茧机 1	1800
江第 114 茧行	恒裕	无锡县怀上区东胡塘	双 12	1440
江第 115 茧行	范祥和	无锡县怀下区兴塘	双 12	1440
江第 116 茧行	义源	无锡县怀下区查家桥	双 12	1440
江第 117 茧行	悦和	无锡县怀下区安镇	双 11	1320
江第 118 茧行	厚生	无锡县怀下区安镇	双 12	1440
江第 119 茧行	德仁兴	无锡县怀下区严家桥	双 14	1660
江第 120 茧行	泰昌祥	无锡县怀下区严家桥	双 12	1440
江第 121 茧行	信裕	无锡县怀下区太平桥	双 20	1200
江第 122 茧行	义昌	无锡县北下乡东亭	双 10	1200
江第 123 茧行	复元	无锡县北下乡新塘桥	双 6	720
江第 124 茧行	裕盛泰	无锡县北下乡东亭	双 6	720
江第 125 茧行	宏裕	无锡县南延区荡口	双 9	1080
江第 126 茧行	泰昌	无锡县泰伯区后宅	双 8	960
江第 127 茧行	裕昌	无锡县泰伯区双板桥	双 8	960
江第 128 茧行	锡昌	无锡县梅村	双 6	720
江第 129 茧行	泰纶	无锡县梅村	双 10	1200
江第 130 茧行	义茂	无锡县泰伯区大墙门	双 12	1440
江第 131 茧行	元聚	无锡县景云区北方前	双 10	1200
江第 132 茧行	源兴	江阴县马镇	双 6	400

编　号	名　称	所　在　地	烘灶数	鲜茧收购能力（担）
江第133茧行	同兴	江阴县北渚	双11	730
江第134茧行	永和昌	江阴县青旸	单6	200
江第135茧行	吴公昌	江阴县峭岐	双18	1190
江第136茧行	恒昌	江阴县茂墅桥	双10	660
江第137茧行	源昌	江阴县周庄	双8	530
江第138茧行	同慎	江阴县长经	双10	660
江第139茧行	茂昌	江阴县陈墅镇	双14	920
江第140茧行	益新	江阴县六家桥	双11	730
江第141茧行	寿昌	江阴县长寿镇	单12	400
江第142茧行	瑞昌	江阴县云亭	双8	530
江第143茧行	永昌	江阴县华墅镇	双10	660
江第144茧行	公益	江阴县长泾镇	双10	660
江第145茧行	振昌	江阴县北洞镇	双11	730
江第146茧行	大昌	江阴县周庄镇	双8	530
江第147茧行	王源昌	江阴县西旸桥镇	双8	530
江第148茧行	信通	江阴县西旸桥镇	单5	170
江第149茧行	恒德源	江阴县河塘桥	双12	800
江第150茧行	益昌	江阴县南星桥	双10	660
江第151茧行	豫祥	江阴县领山镇	双8	530
江第152茧行	永丰	武进县魏村镇	单4	400
江第153茧行	振昌	武进县姚家巷	单12	500
江第154茧行	永兴昌	武进县坂上何墅村	单8	800
江第155茧行	协昌	武进县横山桥横街	单7	700
江第156茧行	锦华	武进县南宅安夏桥	单3	300
江第157茧行	阜昌	武进县毛家桥新街	双4	800
江第158茧行	大章	武进县地藏巷	单6	600
江第159茧行	永隆昌	武进县礼家桥	单8	800

编　号	名　称	所　在　地	烘　灶　数	鲜茧收购能力（担）
江第 160 茧行	秦同春	武进县洛阳	单 6	600
江第 161 茧行	永泰昌	武进县礼家桥	单 8	800
江第 162 茧行	隆华	武进县塘桥	单 12	1200
江第 163 茧行	德大	武进县下严桐庄	单 8	800
江第 164 茧行	福昌	武进县戚墅塘上塘	双 5	1000
江第 165 茧行	黼纶	武进县湖塘场	单 6	600
江第 166 茧行	华英	武进县荷花镇	单 6	600
江第 167 茧行	春华	武进县载溪桥	双 8	1600
江第 168 茧行	华丰	武进县长杭桥	单 12	1200
江第 169 茧行	豫通	武进县长订路	单 6	600
江第 170 茧行	盛豫	武进县庙桥	单 8	800
江第 171 茧行	华纶	武进县西横林	单 12	1200
江第 172 茧行	豫丰	宜兴县高睦镇	单 10	1800
江第 173 茧行	华纶	宜兴县徐舍镇	双 6	1080
江第 174 茧行	裕纶	宜兴县济利本镇	单 12	1080
江第 175 茧行	锦华	宜兴县杨巷布泉桥镇	双 10	1800
江第 176 茧行	源茂	宜兴县和桥镇	双 6	1080
江第 177 茧行	怡纶	宜兴县和桥布西沙滩	双 8	1440
江第 178 茧行	华纶	宜兴县潘家霸	双 4	720
江第 179 茧行	震西	宜兴县夏芳	双 4	720
江第 180 茧行	大亭	金坛县西大寺	今村式 1	3000
江第 181 茧行	宏基	金坛县庄成桥	双 10	750
江第 182 茧行	正裕	金坛县游仙乡	单 28	750
江第 183 茧行	鸿昌	丹阳县东乡河陵镇	双 10	600
江第 184 茧行	派华	丹阳县东乡王庄桥镇	双 9	600
江第 185 茧行	永康	丹阳县东乡匡家	双 8	600
江第 186 茧行	福利	丹阳县东乡导墅桥镇	双 8	600

编号	名称	所在地	烘灶数	鲜茧收购能力（担）
江第 187 茧行	福泰	丹阳县东乡丁桥镇	双 9	600
江第 188 茧行	泰纶	丹阳县东乡鲍舍村	双 12	700
江第 189 茧行	阜昶	丹阳县东乡蒋墅生	双 7	500
江第 190 茧行	同孚	丹阳县北乡西周村	双 8	600
江第 191 茧行	公裕	丹阳县北乡前艾庙镇	双 10	700
江第 192 茧行	懋荣	丹阳县北乡夏墅村	双 6	500
江第 193 茧行	公兴	溧阳南门外载埠镇	单 28	700
江第 194 茧行	协昌	溧阳福旭乡明东区水西门	单 6	500
江第 195 茧行	和登变记	溧阳永和区南门外	单 16	700
江第 196 茧行	恒盛维记	溧阳举福区赵村	单 16	700
江第 197 茧行	公济	溧阳永西区班竹里	单 12	700
江第 198 茧行	新新	溧阳暂口	单 20	800
江第 199 茧行	盛昌	溧阳五区强埠港口	单 8	500
江第 200 茧行	民生	溧阳八区洙汤村	单 10	600
江第 201 茧行	惠民	溧阳北区上沛埠石桥东首	双 12	600
江第 202 茧行	义源	溧阳虞家镇	单 24	600
江第 203 茧行	忻丰	溧水第一区沙河村	双 12	600
江第 204 茧行	大东	丹徒县八宝桥	双 6	1000
江第 205 茧行	永利	丹徒县黄墟赵	双 8	1000
江第 206 茧行	裕泰	句容县南二乡天王寺镇	单 8	1000
江第 207 茧行	振华	句容县西乡寒里村	单 8	1000
江第 208 茧行	华昌	扬中县蠡海庵	单 9	800
江第 209 茧行	广昌	扬中县黄霸镇	单 6	600
江第 210 茧行	同兴	扬中县东新港三教庵	单 8	700
江第 211 茧行	永昌	扬中县中八士桥	单 8	700
江第 212 茧行	鼎丰	扬中县老郎桥	单 8	700
江第 213 茧行	兴农	江都县济美洲	单 6	1000

编　号	名　称	所　在　地	烘 灶 数	鲜茧收购能力（担）
江第 214 茧行	永丰	江都县新洲镇烟园	单 6	1000
江苏省小计				212280
浙第 1 茧行	庆成	杭州市东街路 405	田端式 1、双 6	2800
浙第 2 茧行	纬成	杭州市登云桥直街	今村式 2 双 10	2800
浙第 3 茧行	元丰	杭州市湖墅大关明直宫	田端式 1、双 14	2400
浙第 4 茧行	泰丰	杭州市拱埠昌新路祥安	双 14	1600
浙第 5 茧行	正大	杭州市庆泰门外严家桥	双 12	1600
浙第 6 茧行	开源	杭州市湖墅余杭塘上	双 10	1500
浙第 7 茧行	鑫昌	杭州市拱埠茶炭桥	双 12	2000
浙第 8 茧行	宝泰	杭州市拱埠新昌路	双 8	1000
浙第 9 茧行	安利	杭州市艮山门外彭家埠	双 12	1600
浙第 10 茧行	寅记	杭县翁家埠	双 15	1800
浙第 11 茧行	大纶	杭县塘棲镇	双 40	3000
浙第 12 茧行	祥纶	杭县武林头	双 16	2000
浙第 13 茧行	崇裕	杭县塘棲石灰桥	双 40	4000
浙第 14 茧行	崇裕分行	杭县王家庄	双 36	3000
浙第 15 茧行	祥敦	杭县三撒传坊头	带川式 1、双 4	2000
浙第 16 茧行	临平大纶	杭县临平镇小林	双 10	1000
浙第 17 茧行	经纬	杭县临平镇西市	双八	1000
浙第 18 茧行	瑞源	杭县临平镇西市	双一〇	1000
浙第 19 茧行	怡和	杭州市拱埠大马路	田端式 1、双 22	3000
浙第 20 茧行	裕通	杭州市拱埠茶炭桥	双 12	1000
浙第 21 茧行	九丰	杭州市湖墅大关	双 12	1000
浙第 22 茧行	天丰	杭州市湖埠仓基上	双 12	1000
浙第 23 茧行	源和	杭州市艮山门外大街	双 12	1000
浙第 24 茧行	锦裕	杭县三墩镇大港桥	双 11	1000
浙第 25 茧行	裕昌新	杭县拱埠小河和睦桥	双 8	1000

续表

编　号	名　称	所　在　地	烘　灶　数	鲜茧收购能力（担）
浙第 26 茧行	临平废成	杭县临平镇亭趾	双 6	700
浙第 27 茧行	大成	杭县乔司西镇义桥	双 12	800
浙第 28 茧行	经纶	杭县临平镇西市	双 6	700
浙第 29 茧行	纬文	杭县临平镇东市梅头沼	双 12	1000
浙第 30 茧行	春成	杭县临平镇九典营	双 10	1000
浙第 31 茧行	聚兴	杭县临平镇方兴村	双 10	800
浙第 32 茧行	兴业	杭县临平镇东海墅庙	双 10	800
浙第 33 茧行	协和	杭县临平镇亭趾	双 2	700
浙第 34 茧行	瑞丰	杭县拱埠日租界	双 12	800
浙第 35 茧行	吉祥	嘉兴县南门外真如寺	双 16	1000
浙第 36 茧行	天丰	嘉兴县东门外	双 12	1800
浙第 37 茧行	合作社	嘉兴县南门外真如寺	今村式自动机 1	2000
浙第 38 茧行	福兴	嘉兴县北门外杉青闸	双 24	3000
浙第 39 茧行	秀纶	嘉兴县南门外五龙桥	带川式 1	2000
浙第 40 茧行	新济	嘉兴县北门外栅堰	双 24	2000
浙第 41 茧行	嘉昌	嘉兴县王店东市	双 12	1000
浙第 42 茧行	怡和	嘉兴县王店西市塘桥	双 12	1000
浙第 43 茧行	厚生	嘉兴县城内塘汇	双 16	800
浙第 44 茧行	兴业	嘉兴县新畦吴丰桥	双 15	1900
浙第 45 茧行	恒昌	嘉兴县兴家笕	双 16	1800
浙第 46 茧行	嘉余	嘉兴县余贤棣	双 14	1800
浙第 47 茧行	大丰久记	嘉兴县南堰桥	双 16	2000
浙第 48 茧行	兴济	嘉兴县栅堰上	双 16	2000
浙第 49 茧行	大和	嘉兴县太平桥	双 16	2000
浙第 50 茧行	恒泰	嘉兴县石佛寺	双 12	1500
浙第 51 茧行	纬成鹤记	嘉兴县大盐仓桥	共立式 4	3000
浙第 52 茧行	大新	嘉兴县新塍西市	双 24	2500

编 号	名 称	所 在 地	烘 灶 数	鲜茧收购能力（担）
浙第 53 茧行	新兴	嘉兴县新塍东市	双 19	2000
浙第 54 茧行	恒大第二	嘉兴县双桥	田端式？	2000
浙第 55 茧行	祥嘉	嘉善县杨家桥	双 15	1800
浙第 56 茧行	瑞昌	嘉善县西门外跨塘桥	双 10	1300
浙第 57 茧行	大章	嘉善县西门外上官堂	双 8	1000
浙第 58 茧行	大隆	嘉善县西门外上官塘	双 10	1500
浙第 59 茧行	叙顺	嘉善县实晹门外下塘	双 10	1800
浙第 60 茧行	大纶	嘉善县南门外水城	双 8	1300
浙第 61 茧行	久隆	嘉善县西门外安桥下塘	双 8	800
浙第 62 茧行	立兴	嘉善县罗星桥下塘	双 8	700
浙第 63 茧行	大新	嘉善县东门外上寺桥	双 10	600
浙第 64 茧行	同昌顺	嘉善县西门外上官桥	双 12	8000
浙第 65 茧行	长安	海宁县长安镇	田端式 1、带川式 1	4000
浙第 66 茧行	信顺	海宁县长安镇	双 16	2000
浙第 67 茧行	裕大	海宁县长安镇寺前	双 9	1200
浙第 68 茧行	万利	海宁县长安镇高家坝	双 7	1000
浙第 69 茧行	恒裕	海宁县长安镇乌家埭	双 6	800
浙第 70 茧行	公兴	海宁县周王庙镇	双 8	1200
浙第 71 茧行	公利	海宁县斜桥镇	双 8	1000
浙第 72 茧行	双山	海宁县硖石大塘	双 12	1600
浙第 73 茧行	日升昌	海宁县硖石镇东	双 10	1500
浙第 74 茧行	茂丰	海宁县长安县西官庙	双 10	1400
浙第 75 茧行	寅记	海宁县周王庙罗长桥	双 10	1400
浙第 76 茧行	生和	海宁县许村镇	双八	1300
浙第 77 茧行	长裕	海宁县长安镇	双 10	1400
浙第 78 茧行	泰纶	海宁县长安镇徐家石桥	双 12	1400

编　号	名　称	所　在　地	烘灶数	鲜茧收购能力（担）
浙第 79 茧行	万裕	海宁县周王庙搏儒桥	双 12	1600
浙第 80 茧行	大生	海宁县许村镇	双 8	1200
浙第 81 茧行	公兴	海宁县硖石黄头	双 5	800
浙第 82 茧行	锦行	海宁县成河营	双 5	800
浙第 83 茧行	天丰	海宁县北门外	双 5	600
浙第 84 茧行	溥利	海宁县观音桥	双 8	1000
浙第 85 茧行	崇德	崇德县西门外	双 14	3000
浙第 86 茧行	长丰	崇德县南门外西河口	双 13	1400
浙第 87 茧行	永兴	崇德县南门外三星桥	双 10	1200
浙第 88 茧行	大盛	崇德县北门外北直塘街	双 10	1200
浙第 89 茧行	大新	崇德县北门外迎思桥	双 7	800
浙第 90 茧行	同丰	崇德县北门外三里桥	双 8	1200
浙第 91 茧行	公盛	桐乡县东门外三王庙前	双 10	1400
浙第 92 茧行	东昌大	平湖县东门外	双 15	1600
浙第 93 茧行	东公羊	平湖县东门外	双 10	1000
浙第 94 茧行	湖丰	平湖县斗阁前	双 10	1300
浙第 95 茧行	西昌大	平湖县西门外	双 11	1500
浙第 96 茧行	昌纶	平湖县平门外	双 10	1300
浙第 97 茧行	大顺一	吴兴县湖州大通桥	双 30	4000
浙第 98 茧行	大顺二	吴兴县南浔镇	双 24	3000
浙第 99 茧行	泰纶	吴兴县双林镇	双 24	3000
浙第 100 茧行	竞新	吴兴县双林镇	双 24	3000
浙江省小计				159400
总　计				371680

资料来源:渡边辖二.华中蚕丝股份有限公司沿革史.华中蚕丝公司,1944 年 9 月初版,东京:湘南堂书店,1993 年再版:68—85.

附录 14　1932—1937 年东北地区柞蚕丝输出量值

年份	柞蚕丝输出量（吨）	柞蚕丝输出值（伪满币元）	屑丝输出量（吨）	屑丝输出值（伪满币元）
1932	144579.4	10017320	33013.4	330799
1933	160033.1	9565278	72219.3	330156
1934	148778.8	7408875	164852.5	797173
1935	137289.6	7278999	150076.4	1106335
1936	100003.8	6118319	100370.5	1154982
1937	149428.6	8385885	159929.4	2622974
平均	140018.9	8129113	113410.3	1057070

资料来源：王福山、胡仲本.东北柞蚕业调查报告.中蚕通讯,1945,1(5).单位按照 1 关担＝60.453 千克换算。

附录 15　"八·一三战役"中上海丝厂存毁统计

厂名	丝车数（釜）	厂址	存毁情况		
			幸存	半毁	全毁
怡和	652	成都路	√		
鸿丰	240	阿拉白司脱路（现曲阜路）	√		
同裕	240	梅园路	√		
积余	276	共和路			√
久余	192	共和路			√
九丰	240	裕通路			√
永和	208	长安路			√
复昶	416	长安路			√
泰纶	240	长安路			√
金城	214	恒丰路			√
洽兴	184	恒丰路			√
顺丰	240	光复路			√
大丰	208	光复路			√

厂名	丝车数（釜）	厂址	存毁情况		
			幸存	半毁	全毁
家庭	42	永兴路			√
宏昶	144	交通路			√
海丰	192	长安路			√
纬源	240	长安路			√
源顺	222	恒丰路			√
公大	158	中兴路			√
裕泰	200	潭子湾	√		
勤益	416	大洋桥		√	
新昌	208	柳营路	√		
裕丰	228	柳营路			√
同协	40	共和路			√
恒苍	228	庙头			√
宝泰	322	中山路	√		
广源	232	斜徐路	√		
豫丰	226	天通庵			√
兴纶	240	天通庵			√
源昌	120	天通庵			√
绍兴	240	谈家桥		√	
德鑫	120	谈家桥			√
和泰	120	天通庵			√
盈益	200	宝昌路			√
昌记	228	张家巷			√
中兴	240	天宝路			√
洽源	140	全家庵	√		
大成	324	裕通路			√
宝福	208	张家巷		√	
利源	216	天潼路	√		
兴昌	240	张家巷		√	
益丰	274	庙弄路			√
中国	112	张家巷	√		
美丰	416	彭浦桥			√
合计44家	10086釜		10家 2562釜	4家 1104釜	30家 6420釜

资料来源:引自徐新吾.中国近代缫丝工业史.上海:上海人民出版社,1990.

附录16 抗日战争初期无锡缫丝厂损毁情况统计

厂名	开工年月	丝车数	厂址	损毁情况
振余	1928	264	惠工桥	损毁摇车146部及大小缫丝机械
润记			惠工桥	内部损毁不堪
隆昌	1914	324	东门外亭子桥	内部损毁不堪
永隆	1910	320	东门羊腰湾	丝车间及煮茧机尚好,唯无复摇设备
干星	1928	320	东门羊腰湾	复摇间、整理间及茧栈等均已焚毁,煮茧机一存一毁,丝车间机械尚好
泰孚	1922	384	垢潭桥	唯无复摇设备
森明	1929	288	南门跨塘桥	复摇车虽存已不能使用,大小缫轮均已无存
余纶	1928	208	南门跨塘桥	内部小机件均已损坏
鼎昌	1929	512	张昌桥	内部大小缫轮均损失
永泰	1926	492	南门知足桥	工厂一部分被毁
振元	1928	352	水仙桥	厂屋无损,丝车略坏
锦记	1909	410	西门仓浜里	工厂全部被毁
永盛	1918	492	东门小粉桥	女工宿舍炸毁
民丰	1927	500	南门窑庄浜	工厂全部被毁
福昌	1913	256	西梁溪路	工厂全部被毁
瑞昌永记	1922	316	东门小粉桥	工厂稍有损坏
荣记	1928	144	南门跨塘桥	工厂机械略有损坏
干牲	1910	558	光复门外工运桥	厂屋全部被毁,维机械有一部分尚可用
干牲二厂	1926	272	北新桥	厂屋未损毁,唯内部零件缺少甚多
干昶二厂	1930	304	东门绿罗庵	厂屋略损
振艺	1911	520	南门清明桥	厂屋大部被毁,毁车300部
广盛永	1928	244	北门外长丰桥	厂屋略损

续表

厂名	开工年月	丝车数	厂址	损毁情况
宝丰	1931	316	东门小粉桥	全部被毁
广业	1922	272	东门外亭子桥	厂屋未损,丝车略坏
元大	1928	220	东门外耕读桥	机械不堪使用
华新	1928	292		损毁一部
复兴	1915	208		被毁
永昌	1929	312		被毁
万源	1928	504		被毁
瑞昌上记	1928	320	北门周山浜	厂屋稍有损坏

整理来源:高景岳、严学熙编.近代无锡蚕丝业资料选辑.南京:江苏人民出版社,1987:382—383.原出处:秦亮.一年来之新无锡.1939:148—149.

附录 17　浙江省蚕业抗战前后消长情况

项目		1936 年	1946 年
蚕业改进区		26	
蚕业推广区			10
办理蚕业推广改进县数		29	29
指导所(所)	春期	217	50
	秋期	190	
指导员(人)	春期	431	120
	秋期	358	80
发放改良蚕种张数	春期	1231529	254000
	秋期	905211	159288
烘茧机(台)		45	12
实开茧行(家)	春期	498	62
	秋期	238	62
茧行实收鲜茧量(担)	春期	24606155	8252479
	秋期	8601958	707366
丝厂(家)		33	32
丝车		8598	4124

资料来源:中蚕通讯.第二卷,第一、二期,1948:42—43.

附录18　战时损失调查办法及查报须知^①

一、查报损失时期分为：

1. 自九·一八至七七事变为止

2. 自七七事变至战事终了之日止

3. 自胜利至复兴计划完成之日止

二、战时各省桑园面积、蚕户数量、改良蚕种制造量、丝车数量、产丝量等数字可参照战时蚕丝业损失办法附表及战前全国桑园面积、家蚕丝产、茧产等估计表暨其他就地可收集之资料重行估计以作计算战时损失之依据。

三、各省现存桑园面积及蚕种丝茧等产量参照战时蚕丝业损失赔偿办法及中蚕公司估计茧产情形与生丝产销情形报告，再就各该省实际情形重行补给以作计算战时损失之依据。

四、桑园损失调查可就战前与战后桑园面积与现存桑园之荒废情形及茧产情形推算：

1. 恢复已完全荒废之桑园应需之桑株数。

2. 现存应更新整理之桑园应需之桑株数。

3. 恢复及更新整理桑园应需之费用。

4. 培育桑苗应需之苗园面积及经费（以五年内育成全部桑苗计算）及其他有关事件详细查明列报。

五、蚕农损失调查可分直接损失与间接损失两种。

（1）直接损失：就估计受损蚕户之百分率及每户损失蚕丝器材之量值推算全省蚕户之损失总额，此项估计应尽可能分别县区详细列报。

（2）间接损失：可按茧产减损额（战前茧产减去现时茧产）估计：

A. 被侵占期间历年减产损失分年累计。

B. 战后复员期间（五年），历年减量损失分年累计详细列报。

六、种场、茧行、丝厂、丝织厂及蚕丝机关学校损失之调查应逐一按照调查表式将直接损失详细列表报告，并由各省主办调查机关将种场、茧行、丝厂、丝织厂、绢纺厂等损失分别汇编总报告。

---

① 上海市档案馆档案：S37-1-362：42.

附:可获纯利额减少之计算方法如下。

1. 营业在战前获利而本年获利较少者用下式:

营业进款净数或营业亏损净数＝营业进款与营业用款之差

可获纯利减少＝战前三年营业进款净数平均数 — 本年实际营业进款净款净数(如无三年数字,一年亦可;如进款净数有长期增减之趋势,须依照趋势推算本年营业进款可能净数)

2. 营业在战前获利而本年亏损者用下式:

可获纯利减少＝战前三年营业进款净数平均数＋本年营业亏损净数(如无三年数字,一年亦可;如进款净数有长期增减之趋势,须依照趋势推算本年营业进款可能净数。)

3. 营业在战前亏损更多者用下式:

可获纯利减少＝本年营业亏损净数 — 战前三年营业亏损净数平均数(如无三年数字,一年亦可;如进款净数有长期亏损之趋势,须依照趋势推算本年营业进款可能净数)

七、可能生产额减少及可获纯利额减少之计算应自受损或停业之日起分年列报至战事结束之日为止,所有停业期减产量及纯利之减少以停业前三年平均产额及盈利额分年列入之。

八、战后减产损失由各省主管调查机关按照战后复兴计划将历年生丝产量之减少额分年估计列报之。

九、各项调查表式除由本会拟定分发外,其未经拟定者可由各省主管调查机关或填报机关自行拟定之,如有在拟定表式内未尽事项应另列报告以资详尽。

十、凡已查报抗战损失报告表送交地方或中央政府者此次重填报告,除参照当时查报内容外务以切合事实力求详尽为主。

十一、调查时各种单位应照下列规定以资划一:

(1)度　　市尺

(2)量　　市石

(3)衡　　市斤(每市斤合 0.826725 关斤或 0.8125 司马斤)

(4)面积　市亩

(5)价值　战前法币元。所有间接损失及经费支出可以实物市价换算为战前法币元,但在战时实际增加之费用,如防空费、运建费等应将当时实付价值一并列入并注明年份。

附录19 抗日战争期间我国直接损失统计

项　目	损失额（美元）	备　注
金银条及钱币	120566000	各银行损失的金银条及钱币
外币及公债、股票		
船舶	138812000	
海船	64574000	
渔轮	74238000	渔轮及木造渔轮船等
工商矿业及动力	4053647000	
工业	1190963000	包括各种工业房屋、设备、原动机、作业机、工具机、器具、材料、原料制成品等
矿业	195800000	包括煤、铁、钨、锑、锡、汞等矿业的地面设施、地下建设、原动力设备、机械器具、运输设备等
电业	95048000	包括发电设备、输电线路设备供电线路设备等
商业	2551847000	各县市的商业资产，包括店屋、器具、现款、存货等
金融业	19989000	包括现款、保管品、抵押品及建筑器具设备等
港口		
交通	653371000	
铁路	451978000	包括路线设备、车辆、机厂设备等
内陆水运	20817000	包括船舶、码头设备等
民用航运	7673000	包括飞机、机场设备、电信设备、油料、机械及工具等
电讯	45787000	包括路线设备、机械及修理工具等
邮务	6938000	包括邮件、运输工具
交通器材	102178000	包括路料、电料等

续表

项 目	损失额（美元）	备 注
公路	215062000	包括道路、车辆、路线设备及修理工具
农林水利	3976127000	
农业	1745758000	包括粮食、蚕丝、茶叶、其他农作物及肥料、农具、小型农田水利等
林业	772650000	包括苗圃、林场、风景、行道树及经济林（桐林、乌桕、油茶、核桃）等
渔业	702360000	包括渔具、渔产、渔舍、器具等
畜牧业	701358000	包括牲畜及畜产品
水利工程	54001000	因抗战破坏的河堤及水利工程
公共机关	1157290000	
政府机关	121091000	包括中央及地方机关的建筑物、器具、图书、仪器、医药用品等
教育文化事业	966023000	包括各级学校及文化机关的房屋、图书、仪器及设备等
人民团体	70176000	包括宗教团体、慈善团体、及其他以团体的房屋、器具、古物、伦典、人事等
房屋家具及其他个人财产	21033261000	包括全国私人的房屋、家具、现款、图书、古物、书画、衣物首饰、有价证券等

资料来源：中国第二历史档案馆，全宗号：18-2283.

主要参考文献

[1]本多岩次郎.日本蚕丝业史(第1～4卷).东京:明文堂,大日本蚕丝会,1935.

[2]本位田祥男.东亚蚕丝业(日文).东亚经济研究(第三册),1943.

[3]陈慈玉.近代中国的机械缫丝工业.中央研究院近代史研究所专刊(58),1989.

[4]陈真.中国近代工业史资料(第四辑).北京:三联书店,1961.

[5]池田宪司.中华蚕丝公司设立と消灭の经纬.日本蚕史研究会,1993.

[6]池田宪司.日中战争下日本の对中国蚕丝政策——中国书"民国丝绸史"の指摘.日本蚕史研究会,1996.

[7]池田宪司."民国丝绸史"を读んで——とくに日中战争期について.日本蚕史研究会,1996.

[8]池田宪司.战前旧满洲の家蚕蚕丝业.日本蚕史研究会,1997.

[9]渡边辖二.华中蚕丝股份有限公司沿革史(日文).华中蚕丝公司,1944年初版;东京:湘南堂书店,1993年再版时改由林常吉主编.

[10]大村道渊.满洲柞蚕经济の史的考察.研究院月报,1944.

[11]大岛正义.支那に对する蚕业政策の私见.大日本蚕丝会报(第360号),1922.

[12]冯宇苏.论日本侵华期间对浙江蚕丝业的统制和掠夺.浙江学刊,1995(4).

[13] F. O, Howitt. Silk—An History Surver with Special Reference to the Past Century. *Journal of the Textile Institute*, 1952, Vol. 42, No. 8.

[14] F. R. Mason. *The American Silk Industry and the Tariff*. London, 1910.

[15]顾国达.近代(1840—1949年)中国蚕丝业の経済分析.京都工艺纤维大学硕士论文,1992.

[16]顾国达等.中国の输出贸易に占める蚕丝业の経済的地位.日本蚕丝学杂志,1993(6).

[17]顾国达.关于近代中国的生丝贸易与世界生丝市场供求结构的经济分析(日文).京都工艺纤维大学博士论文,1995.

[18]顾国达.世界蚕丝业经济与丝绸贸易.北京:中国农业科技出版社,2001.

[19]杭州丝绸控股(集团)公司.杭州丝绸志.杭州:浙江科学技术出版社,1999.

[20]今井长二郎.中支那制丝业概况.1940.

[21]蒋猷龙.浙江蚕业史研究(第一部分).1986.

[22]江苏省丝绸协会.江苏丝绸史料(20).1996.

[23]江苏省地方志编纂委员会.江苏省志——蚕桑丝绸志.南京:江苏古籍出版社,2000.

[24]军事历史研究部.中国抗日战争史(上卷、中卷、下卷).北京:解放军出版社,1994.

[25]居之芬,张利民.日本在华北经济统制掠夺史.天津:天津古籍出版社,1997.

[26]J. Schober. *Silk and the Silk Industry*. London, 1930.

[27]乐嗣炳.中国蚕丝.上海:世界书局,1935.

[28]陆锦标.台湾蚕业.蚕丝杂志,1947(1).

[29]霍华德,巴士韦尔.华南蚕丝业之调查.广东省农业科学院蚕业研究所刘仕贤选译,1981.

[30]满铁经济调查会.山东における工业の发展.1935.

[31]缪毓辉.中国蚕丝问题.北京:商务印书馆,1937.

[32]青岛守备军民政部.山东之物产(第四编).家蚕,1920.

[33]堀江英一.支那蚕丝业の调整政策.东亚经济论丛(5月号),1943.

[34]全汉升.自明季至清中叶西属美洲的中国丝货贸易.中国经济史论丛(第一册),中国香港,1972.

[35]浅田乔二等.1937—1945日本在中国沦陷区的经济掠夺.袁愈译.上海:复旦大学出版社,1997.

[36]强重华.抗日战争时期重要资料统计集.北京:北京出版社,1997.

[37]日本农林大臣官房总务课.农林行政史(第3卷).农林协会,1959.

[38]日本纤维协会.日本纤维产业史.1958.

[39]日本中央蚕丝会.日支蚕丝业の调整と华中蚕丝株式会社.1939.

[40]日本农林省蚕丝局.蚕丝业要览.1939.

[41]日本农林省蚕丝局.蚕丝业要览.1953.

[42]日本农商务省商务局.蚕丝贸易概说.明治13年.

[43]日本东亚同文会出版.支那年鉴(第3回).1914.

[44]日本农商务省农务局.第二次输出重要品要览－农产之部(蚕丝).东京:有陵堂,1901.

[45]杉山伸也.幕末、明治初期における生丝出口の数量的再检讨.社会经济史学,1979(3).

[46]苏士.日本行操纵粤丝贸易之检讨.载:广东蚕丝复兴运动专刊.广东建设厅蚕丝改良局,1933.

[47]上海市档案馆档案:全宗号:S-1-361～365,上海市缫丝工业同业工会.

[48]上海市档案馆档案:全宗号:S-1-362,抗战期间全国蚕丝业损失调查委员会.

[49]上原重美.支那蚕丝业大观.东京:冈田日荣堂,1929.

[50]实业部国际贸易局.中国实业志(浙江省),1934.

[51]实业部国际贸易局.中国实业志(山东省),1934.

[52]上海丝绸志编委会.上海丝绸志.上海:上海社会科学院出版社,1998.

[53]藤本富也.支那蚕丝业研究.大阪屋号书店,1943.

[54]藤井光男.战间期日本纤维产业海外进出史的研究(日文).京都:ミネルヴァ书房,1987.

[55]王福山,胡仲本.东北柞蚕业调查报告.中蚕通讯,1947(5).

[56]王庄穆.丝绸笔记.北京:中国流行色协会出版社,1986.

[57]王庄穆.国丝绸史.北京:中国纺织出版社,1995.

[58]王士花. 抗日战争时期日本在华北华中沦陷区的经济统制. 北京:中国社会科学出版社,1998.

[59]徐新吾. 中国近代缫丝工业史. 上海:上海人民出版社,1990.

[60]兴亚院. 日支蚕丝业ノ调整方案. 1941.

[61]伊藤斌. 支那蚕丝业研究. 大阪屋号书店,1943.

[62]尹良莹. 中国蚕业史. 台湾:华冈书城,1931 年初版,1980 年重印.

[63]永濑顺弘. 1930 年代における中国蚕丝业の动向. 樱美林大学经济学部学报,1978.

[64]严中平. 中国近代经济史统计资料选辑. 北京:科学出版社,1955.

[65]姚贤镐. 中国近代对外贸易史料(1840—1895 年). 北京:中华书局,1962.

[66]章有义. 中国近代农业史资料(三辑). 北京:三联书店,1957.

[67]周匡明. 中国近代蚕业史概论. 中国纺织科技史资料(第 9～14 集),1982.

[68]张铨等. 日军在上海的罪行与统制. 上海:人民出版社,2000.

[69]中国丝绸公司. 中国丝绸出口统计汇编(下册). 1957.

[70]中国第二历史档案馆. 中华民国史档案资料汇编(第 2 辑). 南京:江苏人民出版社,1981.

[71]中国第二历史档案馆. 中华民国史档案资料汇编(第 4 辑). 南京:江苏人民出版社,1986.

[72]中国第二历史档案馆. 中华民国史档案资料汇编(第 5 辑). 南京:江苏人民出版社,1994.

[73]中国第二历史档案馆档案:全宗号:380-20,中国蚕丝公司蚕丝研究所.

[74]中国第二历史档案馆档案:全宗号:2103-0285～0288,实业部管理丝茧实业卷.

[75]中国第二历史档案馆档案:全宗号:2103-0292,华中蚕丝公司章程.

[76]中国第二历史档案馆档案:全宗号:2103-420,华中蚕丝公司备案.

[77]中国第二历史档案馆档案:全宗号:18-1895,关于日本赔偿问题的方案会议及索取赔偿与归还劫物之进行办法.

[78]中国第二历史档案馆档案:全宗号:18-2283,有关中国抗战损失的统计表以及调查办法等文件.

[79]中国第二历史档案馆档案:全宗号:2-483,抗战公私财产损失情况表.

[80]中国第二历史档案馆档案:全宗号:2-2652,赔偿委员会相关材料.

[81]中国蚕丝公司.中蚕通讯.1946—1948.

[82]中国科学院经济研究所藏日本档案:江浙制丝厂被害状况调查书.1938.

[83]佐藤武敏.清国蚕丝业视察报告书について.中国关系论说资料(第31号),1990.

[84]战后における指定蚕品种の系谱について.蚕丝实验场汇报(第94号).

[85]曾同春.中国蚕丝.上海:商务印书馆,1929.

[86]庄维民.近代山东市场经济的变迁.北京:中华书局,2000.

[87]周德华.抗日战争时期的吴江丝绸业.江苏丝绸史料,1994(17).

[88]早川卓郎.东亚の蚕丝业.有斐阁,1943.

[89]周匡明.中国近代蚕业史概论.中国纺织科技史资料(第11集),1982.

[90]中根勇吉.满洲における柞蚕制丝业.满铁调查资料(第19编),1923.

[91]张铨.日军在上海的罪行与统制.上海:上海人民出版社,2000.

图书在版编目（CIP）数据

日本侵华时期对中国蚕丝业的统制与资源掠夺 / 顾国达等著. —杭州：浙江大学出版社，2010.11
ISBN 978-7-308-08074-3

Ⅰ.①日… Ⅱ.①顾… Ⅲ.①蚕业－历史－研究－中国②侵华－经济侵略－研究－日本 Ⅳ.①F326.39②F129.6

中国版本图书馆 CIP 数据核字（2010）第 212903 号

日本侵华时期对中国蚕丝业的统制与资源掠夺

顾国达　王昭荣　著

责任编辑	朱　玲
文字编辑	王元新
封面设计	联合视务
出版发行	浙江大学出版社
	（杭州天目山路 148 号　邮政编码 310007）
	（网址：http://www.zjupress.com）
排　　版	杭州中大图文设计有限公司
印　　刷	杭州浙大同力教育彩印有限公司
开　　本	710mm×1000mm　1/16
印　　张	12.25
字　　数	205 千
版 印 次	2010 年 11 月第 1 版　2010 年 11 月第 1 次印刷
书　　号	ISBN 978-7-308-08074-3
定　　价	30.00 元